Les cahiers d'exercices

Néerlandais

Débutants

Ineke Paupert

À propos de ce cahier

Ce cahier est divisé en 17 chapitres, qui vous permettront d'acquérir au fur et mesure les bases de la langue néerlandaise.

Chaque chapitre aborde une thématique distincte, en y intégrant différents points grammaticaux, comme par exemple la structure de la phrase, la négation, le futur, l'impératif ou encore les verbes de position. Des exercices ludiques vous aideront ensuite à les mettre en pratique et à les consolider. Le vocabulaire nécessaire à la compréhension et à la résolution des exercices est fourni dans des banques de mots.

Tout au long de cet ouvrage, l'accent tonique est systématiquement représenté en gras dans les indications phonétiques : vous pourrez ainsi vous familiariser avec une accentuation différente du français. Vous trouverez également en fin de chapitre des exercices de prononciation spécialement axés sur la prononciation des voyelles entravées, brèves, et des voyelles libres, plus longues.

Enfin, ce cahier vous permet d'effectuer votre autoévaluation : après chaque exercice, dessinez l'expression de vos icônes (☺ pour une majorité de bonnes réponses, 😐 pour environ la moitié et ☹ pour moins de la moitié). À la fin de chaque chapitre, reportez le nombre d'icônes relatives à tous ces exercices et, en fin d'ouvrage, faites les comptes en reportant les icônes des fins de chapitres dans le tableau général prévu à cet effet !

Sommaire

Prononciation 3	10. Demander son chemin 74
1. Former ses premières phrases 6	11. Exprimer la possession 80
2. Formuler des questions 14	12. Parler de ses goûts et préférences 86
3. Mettre au pluriel 22	13. Faire des propositions 92
4. Faire les présentations (1) 30	14. Demander l'heure et parler de la météo 97
5. Faire les présentations (2) 38	15. La structure de la phrase 102
6. Formuler des négations 46	16. Les verbes de position 108
7. Décrire sa journée 52	17. S'exprimer au passé 114
8. S'exprimer au futur 60	Solutions 120
9. Faire des comparaisons 68	Tableau d'autoévaluation 128

Prononciation

Sons consonnes

- La plupart des consonnes se prononcent comme en français.
- Les consonnes ci-dessous se prononcent différemment du français :

Consonnes	Mots néerlandais	Prononciation	Représentation dans le cahier
g et **ch**	**gaan** **zacht**	[X] comme la jota espagnole. Prononcé comme si vous vous racliez un peu la gorge.	[X]
h	**hebben**	Comme si vous souffliez doucement.	[H]
j	**ja**	Comme le [y] de *yaourt*.	[y]
n	**mens**	Le **n** avant une autre consonne se prononce toujours, mais n'est pas nasalisé.	[n]
n	**lopen**	Le **n** final dans une syllabe non accentuée se prononce à peine.	[ⁿ]
s	**les**	Se prononce toujours en sifflant, même en fin de mot.	[ss]
v	**voor**	Se prononce dans certaines régions comme un [f] et dans d'autres comme un [v].	[v']
w	**uw**	En fin de mot, comme le [ou] de *four*. Il suffit tout simplement d'arrondir les lèvres.	[ou]
z	**zijn**	Se prononce dans certaines régions comme un [s] et dans d'autres comme un [z].	[z']

 Un **d** en fin de mot se prononce toujours [t].
Un **b** en fin de mot se prononce toujours [p].

PRONONCIATION

Sons voyelles

- Les voyelles néerlandaises se prononcent plus vers l'arrière de la bouche et avec moins de tension des muscles labiaux.

	Mots néerlandais	Prononciation	Représentation dans le cahier
		Voyelles entravées : voyelles simples, suivies d'une consonne dans une même syllabe.	
Sons brefs	man	Comme dans *pas*.	[à]
	mes	Comme dans *merci*, mais plus court.	[è]
	lip	Ce son n'a pas d'équivalent en français. Il se situe entre le [i] et le [è] français.	[ì]
	zon	Comme dans *robe*, mais plus court.	[ò]
	mus	Comme dans *œuf*, mais plus court.	[ù]
		Voyelles libres : voyelles qui se situent librement, soit en syllabe fermée par une consonne (les voyelles a et e se doublent dans ce cas), soit en syllabe ouverte non fermée par une consonne (la voyelle simple se trouve à la fin de la syllabe).	
Sons longs	maan, maken	Comme dans *mari*, mais plus long.	[a:]
	zeep, lezen	Comme dans *fée*, mais plus long.	[é:]
	wie, liter	Comme dans *si*.	[i:]
	zoon, wonen	Comme dans *mot*, mais plus long.	[o:]
	zuur, vuren	Comme dans *mur*.	[u:]
	deur	Comme dans *peu*, mais plus long.	[eu]
	soep	Comme dans *fou*.	[ou]

		Prononciation d'une seule émission de voix	
Sons doubles (diphtongues ou semi-diphtongues)	geit, zijn	Comme dans *abeille*.	[èy]
	huis	Comme dans *œil*.	[œy]
	kou, gauw	Se prononce comme un [a] court suivi d'un [ou] très court.	[aou]
	hoi	Comme dans *cow-boy*.	[oy]
	saai	Comme dans *ail*, avec un [a] long.	[a:y]
	mooi	Comme dans *cow-boy*, avec un [o] long.	[o:y]
	leeuw	Se prononce comme un [e] long, suivi d'un [ou].	[e:ou]
	nieuw	Se prononce comme un [i] long, suivi d'un [ou].	[i:ou]

 Il existe aussi le **e** atone. Il se prononce [e] comme dans *retour*. Le **e** final se prononce toujours : **meisje** [mèych e].

Combinaisons de sons avec une prononciation différente du français

Graphies	Mots néerlandais	Prononciation	Représentation dans le cahier
-ig -lijk	gelukkig heerlijk	Les suffixes **-ig** et **-lijk** se prononcent avec un [e] atone.	[eX] [lek]
ng	lang	Se prononce comme un seul son, comme dans *ping-pong*.	[ŋ]
nk	bank	Se prononce comme la combinaison [ng], suivi d'un [k].	[ŋk]
nj	oranje	Se prononce comme le [gn] dans *peigne*.	[ñy]
sj	meisje	Comme dans *cheval*.	[ch]

 En néerlandais, l'accent tonique est plutôt placé en début de mot. Par contre, le **e** atone ne peut jamais être accentué. Nous indiquerons l'accent tonique en caractères gras.

Former ses premières phrases

L'alphabet

- Imprégnez-vous de la prononciation des lettres de l'alphabet, puis faites les exercices.

A	[a:]	F	[èf]	K	[ka:]	P	[pé:]	U	[u:]
B	[bé:]	G	[Xé:]	L	[èl]	Q	[ku:]	V	[v'é:]
C	[ssé:]	H	[Ha:]	M	[èm]	R	[èr]	W	[wé:]
D	[dé:]	I	[i:]	N	[èn]	S	[èss]	X	[ìkss]
E	[é:]	J	[yé:]	O	[o:]	T	[té:]	Y	[èy]
								Z	[z'èt]

1 Entourez la bonne prononciation, en essayant de ne pas regarder le tableau.

1.	E	[è]	[èy]	[é:]
2.	W	double [v'é:]	[wé:]	[v'é:]
3.	G	[yé:]	[ré:]	[Xé:]
4.	A	[a:]	[à]	[é:]
5.	X	[ìkz]	[ìkss]	[i:kss]
6.	Y	[èy]	[œil]	[i:y]
7.	I	[é:]	[a:]	[i:]
8.	H	[Ha:]	[a:H]	[a:y]

2 Trouvez les lettres de l'alphabet à partir de leur prononciation, en essayant de ne pas regarder le tableau.

1. [Xé:] → ....
2. [u:] → ....
3. [ssé:] → ....
4. [èss] → ....
5. [ìkss] → ....
6. [a:] → ....

CHAPITRE 1 : FORMER SES PREMIÈRES PHRASES

 3 Épelez ces prénoms à haute voix.

2. GUUS

3. HANNEKE

1. JASPER

Les articles définis

- Au singulier, il existe deux articles définis en néerlandais :
  – l'article défini **de,** du genre commun, regroupe les noms masculins et féminins : **de maan, de lamp.**
  – l'article défini **het,** du genre neutre, regroupe les noms neutres : **het licht, het meisje.**
  – ces deux articles sont invariables et signifient *le* ou *la*.
- Au pluriel, en revanche, on retrouve seulement un article défini :
  – l'article défini **de** : **de manen, de meisjes.** Il est invariable et signifie *les*.

Les articles indéfinis

- Au singulier, il n'existe qu'un seul article indéfini pour tous les genres :
  een, qui se prononce [en], avec un **e** atone et qui signifie *un* ou *une :*
  een maan, een meisje, een lamp.
- Au pluriel, le néerlandais n'utilise pas d'article indéfini :
  manen, meisjes, lampen.

CHAPITRE 1 : FORMER SES PREMIÈRES PHRASES

Banque de mots

man [màn] (*homme*)
vrouw [v'raou] (*femme*)
jongen [yòŋeⁿ] (*garçon*)
meisje [mèyche] (*fille*)

café [ka:fé:] (*café*)
hond [Hònt] (*chien*)
huis [Hœyss] (*maison*)
kat [kat] (*chat*)
lamp [làmp] (*lampe*)
licht [lìXt] (*lumière*)
maan [ma:n] (*lune*)
tuin [tœyn] (*jardin*)

en [èn] (*et*)
of [òf] (*ou*)

4 Complétez les propositions avec <u>de</u> ou <u>het</u>.

1. _____ jongen
2. _____ meisje
3. _____ man
4. _____ vrouw
5. _____ lamp
6. _____ licht
7. _____ hond
8. _____ huis

de / *het*

5 Entourez la bonne formulation.

1. een meisjes een meisje

2. een manen een maan

3. lampen een lampen

CHAPITRE 1 : FORMER SES PREMIÈRES PHRASES

6 Traduisez les mots suivants.

 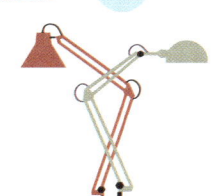  

1. Un chat   2. Des lampes   3. La lumière   4. Les filles

→ .... → .... → .... → ....

Les pronoms personnels sujets non accentués

je	tu	vous	il	elle	sujet neutre	nous	vous	ils/elles
ik	**je**	**u***	**hij**	**ze**	**het**	**we**	**jullie****	**ze**
[ìk]	[ye]	[u:]	[Hèy]	[z'e]	[Hèt]	[we]	[**yù**li:]	[z'e]

* pronom de politesse pour désigner une ou plusieurs personnes ** tutoiement collectif

Le pronom sujet neutre s'utilise pour se référer aux noms singuliers du genre neutre : **het meisje** → **het** *elle*. Notez que le pronom **het** peut signifier *il* ou *elle*. Ici, la traduction est *elle*, mais dans **het paard** *le cheval*, il se traduira par *il*. Il est également utilisé comme forme impersonnelle : **het is warm** *il fait chaud*.

7 Remplacez les noms et prénoms suivants par le pronom qui convient.

1. de hond → ....
2. het meisje → ....
3. Jasper → ....
4. Hanneke en ik → ....
5. de lampen → ....
6. manen → ....

8 Traduisez les pronoms dans les énoncés suivants.

1. Il fait chaud : **il** → ....
2. Vous êtes (forme de politesse) : **vous** → ....
3. Vous êtes (tutoiement pluriel) : **vous** → ....

CHAPITRE 1 : FORMER SES PREMIÈRES PHRASES

Le verbe avoir et le verbe être

- **hebben** [Hèbeⁿ] (*avoir*) au présent

ik heb	[ìk Hèp]
je hebt	[ye Hèpt]
u hebt / u heeft	[u: Hèpt] [u: Hé:ft]
hij, ze, het heeft	[Hèy, z'e, Hèt Hé:ft]
we hebben	[we Hèbeⁿ]
jullie hebben	[yùli: Hèbeⁿ]
ze hebben	[z'e Hèbeⁿ]

- **zijn** [z'èyn] (*être*) au présent

ik ben	[ìk bèn]
je bent	[ye bènt]
u bent	[u: bènt]
hij, ze, het is	[Hèy, z'e, Hèt ìss]
we zijn	[we z'èyn]
jullie zijn	[yùli: z'èyn]
ze zijn	[z'e z'èyn]

9 Entourez la bonne conjugaison de <u>hebben</u>.

1. Jasper en Hanneke **heeft** / **hebben** / **hebt** een hond.
2. We **hebt** / **heeft** / **hebben** een kat.
3. Je **heeft** / **hebt** / **hebben** een tuin.

10 Entourez la bonne conjugaison de <u>zijn</u>.

1. Hij **bent** / **is** / **zijn** een man.
2. Ze (Gijs en Jasper) **zijn** / **is** / **bent** jongens.
3. Ze (Hanneke) **bent** / **zijn** / **is** een vrouw.

CHAPITRE 1 : FORMER SES PREMIÈRES PHRASES

L'adjectif qualificatif

L'adjectif attribut (quand il est placé après le verbe) est invariable. Voici quelques adjectifs de la vie courante.

Banque de mots

goed [Xout] (*bien*)

groot [Xro:t] (*grand*)

klein [klèyn] (*petit*)

triest [tri:sst] (*triste*)

vervelend [v'erv'é:lent] (*ennuyeux*)

vrolijk [v'ro:lek] (*gai*)

ziek [z'i:k] (*malade*)

Trouvez les adjectifs dans la grille, puis complétez les énoncés. Les mots peuvent se trouver horizontalement, verticalement ou en diagonale.

G	O	E	D	F	T	G	K	L	N	X
R	B	Z	E	V	R	O	L	I	J	K
O	D	A	B	G	I	R	Z	N	A	Y
O	A	U	T	L	E	F	H	O	U	J
T	F	S	U	E	S	C	Q	M	L	R
K	M	C	E	U	T	N	D	U	W	K
Z	Z	I	E	K	O	R	G	O	E	H
C	Y	W	S	U	K	L	E	I	N	G
D	Q	R	P	S	K	E	I	Q	B	O
F	V	E	R	V	E	L	E	N	D	O
O	P	D	H	Z	X	E	S	I	W	T

1. **Jasper is** (*grand*) ➜ ....
2. **Ze zijn** (*malade*) ➜ ....
3. **Het is** (*bien*) ➜ ....
4. **We zijn** (*triste*) ➜ ....
5. **De kat is** (*petit*) ➜ ....
6. **Je bent** (*ennuyeux*) ➜ ....
7. **Ik ben** (*gai*) ➜ ....

CHAPITRE 1 : FORMER SES PREMIÈRES PHRASES

12 Placez chaque mot à côté de sa prononciation.

mes (*couteau*) / mees (*mésange*)
liter (*litre*) / lip (*lèvre*)
zoon (*fils*) / zon (*soleil*)
zus (*sœur*) / zuur (*acide*)

1
a. [li:ter] → ....
b. [lìp] → ....

2
a. [z'òn] → ....
b. [z'o:n] → ....

3
a. [z'ùss] → ....
b. [z'u:r] → ....

4
a. [ma:n] → ....
b. [màn] → ....

5
a. [mèss] → ....
b. [mé:s] → ....

> Entraînez-vous dès maintenant à prononcer les voyelles entravées, brèves, et les voyelles libres, plus longues. Il est essentiel de bien les distinguer, puisque le sens de la phrase en dépend.

13 Remettez les mots dans l'ordre pour former une phrase correcte.

1. → ....
2. → ....
3. → ....
4. → ....

1. hebben / en / Hanneke / Janneke / een zus
2. De / zon / is / warm
3. hij / we / en / vrolijk / triest / is / zijn
4. tuin / Guus / heeft / een

CHAPITRE 1 : FORMER SES PREMIÈRES PHRASES

14 Entourez la bonne prononciation pour chaque mot.

	A	B	C
1. **hond**	[Hònt]	[Hònd]	[ònd]
2. **heb**	[Hé:p]	[Hèp]	[Heb]
3. **goed**	[Xoed]	[Xoud]	[Xout]
4. **web** (*toile*)	[vèb]	[wé:b]	[wèp]

15 Complétez la prononciation avec les lettres manquantes et entourez la syllabe qui porte l'accent tonique.

meisje
→ [m _ _ ch _]

Hanneke
→ [_ à n e k .]

jongens
→ [y _ ŋ e n _]

uw
→ [u: _ _]

Bravo, vous êtes venu(e) à bout du premier chapitre ! Il est maintenant temps de compter les icônes et de reporter le résultat en page 128 pour l'évaluation finale.

2
Formuler des questions

Les verbes réguliers au présent

- Pour obtenir la 1re personne du singulier, **ik**, enlevez tout simplement la terminaison **-en** ou **-n** de l'infinitif. Les 2e et 3e personnes du singulier se forment en ajoutant ensuite un **-t**. Le pluriel correspond à la forme de l'infinitif.

doen [doun] (*faire*)

ik doe	[ìk dou]
je, u doet	[ye, u: dout]
hij, ze, het doet	[Hèy, z'e, Hèt dout]
we doen	[we doun]
jullie doen	[yùli: doun]
ze doen	[z'e doun]

werken [**wèr**ke^n] (*travailler*)

ik werk	[ìk wèrk]
je, u werkt	[ye, u: wèrkt]
hij, ze, het werkt	[Hèy, z'e, Hèt wèrkt]
we werken	[we **wèr**ke^n]
jullie werken	[yùli: **wèr**ke^n]
ze werken	[z'e **wèr**ke^n]

fietsen [fi:**t**sse^n] (*faire du vélo*)

ik fiets	[ìk fi:tss]
je, u fietst	[ye, u: fi:tsst]*
hij, ze, het fietst	[Hèy, z'e, Hèt fi:tsst]*
we fietsen	[we **fi:t**sse^n]
jullie fietsen	[yùli: **fi:t**sse^n]
ze fietsen	[z'e **fi:t**sse^n]

zien [z'i:n] (*voir*)

ik zie	[ìk z'i:]
je, u ziet	[ye, u: zi:t]
hij, ze, het ziet	[Hèy, z'e, Hèt zi:t]
we zien	[we z'i:n]
jullie zien	[yùli: z'i:n]
ze zien	[z'e z'i:n]

 * Notez que le **t** final se prononce toujours, même après deux autres consonnes.

CHAPITRE 2 : FORMULER DES QUESTIONS

1 Entourez la bonne conjugaison du verbe.

1. U **doen / doet**

2. Jasper en Hanneke **werkt / werken**

3. Je **fiets / fietst**

4. Jullie **ziet / zien**

2 Trouvez les infinitifs de quatre verbes conjugués dans la grille, puis complétez les énoncés ci-dessous. Ces formes verbales peuvent se trouver horizontalement, verticalement ou en diagonale.

F	A	R	E	U	C	Z	I	E	T
H	I	W	N	A	E	J	Y	S	G
I	K	E	O	L	P	Z	D	T	T
Q	S	R	T	B	I	M	H	E	X
B	V	K	C	S	W	D	O	T	M
K	N	T	F	G	T	D	P	J	F

1. Peter ....

2. Marga .... een kat.

3. Ze .... in de tuin. 4. Hij .... boodschappen.

CHAPITRE 2 : FORMULER DES QUESTIONS

La forme interrogative

- Pour formuler une question, commencez par le verbe conjugué, suivi du nom ou du pronom personnel :

Jasper is groot. → **Is Jasper groot?**

Ze zijn klein. → **Zijn ze klein?**

Je bent	[ye bènt]	**Ben je?**	[bèn ye]
Je doet	[ye dout]	**Doe je?**	[dou ye]
Je fietst	[ye fi:tsst]	**Fiets je?**	[fi:tss ye]
Je hebt	[ye Hèpt]	**Heb je?**	[Hèp ye]
Je werkt	[ye wèrkt]	**Werk je?**	[wèrk ye]
Je ziet	[ye z'i:t]	**Zie je?**	[z'i: ye]

 Lors de l'inversion du verbe et du sujet je (*tu* en français), le -t de la conjugaison est supprimé.

3 Mettez à la forme interrogative les phrases suivantes, puis traduisez-les.

1. Je werkt goed. → .... ? → .... ?

2. Je hebt een hond. → .... ? → .... ?

3. Je bent triest. → .... ? → .... ?

Les noms de pays et les adjectifs de nationalité

- Voici quelques noms de pays et adjectifs de nationalité, qui prennent toujours une majuscule.

België [**bèl**Xi:ye] (*Belgique*) → **Belgisch** [**bèl**Xi:ss] (*belge*)

Engeland [**èŋ**elant] (*Angleterre*) → **Engels** [**èŋ**elss] (*anglais*)

Frankrijk [**fràŋ**krèyk] (*France*) → **Frans** [frànss] (*français*)

Italië [i:**ta**:li:ye] (*Italie*) → **Italiaans** [i:ta:li:**a**:nss] (*italien*)

Nederland [**né:**derlant] (*Pays-Bas*) → **Nederlands** [**né:**derlantss] (*néerlandais*)

Portugal [**pòr**tu:Xàl] (*Portugal*) → **Portugees** [pòrtu:**Xé:**ss] (*portugais*)

Spanje [**sspañ**ye] (*Espagne*) → **Spaans** [sspa:nss] (*espagnol*)

 Remarquez que l'accent tonique se trouve parfois sur l'avant-dernière ou sur la dernière syllabe.

CHAPITRE 2 : FORMULER DES QUESTIONS

4 Remettez les éléments dans l'ordre pour former une phrase correcte.

1. Italië / Is / warm / een / land (pays) ?

→ ....

2. je / Werk / Spanje / in (en) ?

→ ....

3. Zijn / ze / of / Portugees / ze / zijn / Nederlands ?

→ ....

La prononciation de « ë » et de « isch »

- Le **ë** se prononce [ye]. Le tréma indique que la lettre précédente se prononce séparément : **België** [bèlXi:ye], **Italië** [i:ta:li:ye].
- Le suffixe **-isch** se prononce [i:ss] : **Belgisch** [bèlXi:ss].

5 Entourez la bonne prononciation.

	A	B	C
1. Nederlands	[né:der**làntss**]	[**né**:derlàntss]	[**nè**derlàntss]
2. België	[**bè**lgi:ye]	[**bè**lXi:ye]	[**bè**lXi:]
3. Portugees	[**pò**rtu:**Xé:ss**]	[**pò**rtu:Xé:ss]	[**pò**rtu:**Xé:z**]
4. Frankrijk	[**frà**ŋkri:k]	[**frà**ŋkrèyk]	[**frà**ŋkrèyk]

6 Retrouvez quatre noms de pays et quatre adjectifs de nationalité corrects dans la chaîne de lettres ci-dessous.

**italiëbelgiesitaliansfrankrijkegnelsfransfraansitaliaans
engelsfraankrijkbelgischnederlandspanyeitaliespanjenederlant**

→ .... → ....
→ .... → ....
→ .... → ....
→ .... → ....

CHAPITRE 2 : FORMULER DES QUESTIONS

7 Reliez les noms de pays au drapeau correspondant.

1. ⬜   a. Frankrijk

2. ⬜   b. Nederland

3. ⬜   c. Portugal

4. ⬜   d. Italië

Les pronoms personnels sujets accentués

- Les formes en **-ij** sont les formes accentuées du pronom personnel sujet, sauf pour la forme unique **hij**, et s'utilisent uniquement pour faire ressortir le pronom. Lors de la prononciation, l'accent tonique porte sur le pronom accentué.

Ik ben Mirjam. En jij? *Je suis Mirjam. Et toi ?*

Wij hebben een kat. *Nous, nous avons un chat.*

Zij werkt in Nederland. Jij ook? *Elle, elle travaille aux Pays-Bas. Toi aussi ?*

Jullie zijn triest, maar wij zijn vrolijk. *Vous êtes tristes, mais nous, nous sommes gais.*

je	tu	vous	il	elle	sujet neutre	nous	vous	ils/elles
ik	**jij**	**u***	**hij**	**zij**	**het**	**wij**	**jullie****	**zij**
[ìk]	[yèy]	[u:]	[Hèy]	[z'èy]	[Hèt]	[wèy]	[yùli:]	[z'èy]

* pronom de politesse pour désigner une ou plusieurs personnes   ** tutoiement collectif

8 Traduisez les phrases en veillant à utiliser le bon pronom.

1. *Il est petit.* → ....

2. *Elle, elle est malade. Et nous aussi.* → ....

3. *Sont-elles belges ?* → ....

4. *Je vois Hans. Et toi ?* → ....

5. *Tu fais du vélo.* → ....

6. *Eux, ils travaillent en France.* → ....

CHAPITRE 2 : FORMULER DES QUESTIONS

9 Reliez chaque début de phrase à la suite qui lui correspond.

1. Zij wonen (*habiter*) in Frankrijk en
2. Nederland is een klein land en
3. Hij is vervelend maar
4. Werk je in Spanje of

a. zij is leuk.
b. werk je in Italië?
c. wij wonen in België.
d. Frankrijk is een groot land.

Les pronoms interrogatifs

- Tout comme en français, on peut également former une question en néerlandais à l'aide d'un pronom interrogatif. Commencez alors par le pronom, suivi du verbe conjugué, puis le sujet.
- Voici quelques pronoms interrogatifs et prépositions de lieu. Ces dernières sont suivies d'un nom.

waar [wa:r] (*où (emplacement)*)
waarom [wa:**ròm**] (*pourquoi*)
wanneer [wa:**né:r**] (*quand*)
wat [wàt] (*que/quoi*)

Waarom wonen jullie in Spanje? (*Pourquoi habitez-vous en Espagne ?*)
Waar is de hond? (*Où est le chien ?*)
Hij is in de tuin. (*Il est dans le jardin.*)

achter [à**X**ter] (*derrière*)
boven [**bo:**v'e^n] (*au-dessus de*)
in [ìn] (*en, dans*)
naast [na:sst] (*à côté de*)
onder [**òn**der] (*sous*)
op [òp] (*sur, dessus*)
tegen [**té:**Xe^n] (*contre*)
tussen [**tùss**e^n] (*entre*)

Waar woon je? (*Où habites-tu ?/Où est-ce que tu habites ?*)
Ik woon in Frankrijk. (*J'habite en France.*)

CHAPITRE 2 : FORMULER DES QUESTIONS

10 Waar is de hond? [wa:r iss de Hònt] (*Où est le chien ?*)
Entourez la préposition donnant la réponse correcte.

1. Hij is **in / op / onder / achter / naast** de mand.

2. Hij is **in / op / onder / achter / naast** de mand.

3. Hij is **in / op / onder / achter / naast** de mand.

4. Hij is **in / op / onder / achter / naast** de mand.

5. Hij is **in / op / onder / achter / naast** de mand.

11 Remettez les éléments dans l'ordre pour former une phrase cohérente et indiquez si la traduction proposée est correcte ou non :

1. fietsen / jullie / waar / ?	→	
= *Pourquoi fais-tu du vélo ?*	⭕ Goed	⭕ Fout
2. waarom / Maria en Hans / in / werken / de tuin / ?	→	
= *Maria et Hans sont-ils dans le jardin ?*	⭕ Goed	⭕ Fout
3. naast / wat / je / zie / de mand / ?	→	
= *Que vois-tu derrière le panier ?*	⭕ Goed	⭕ Fout
4. is / warm / het / wanneer / ?	→	
= *Quand fait-il chaud ?*	⭕ Goed	⭕ Fout

CHAPITRE 2 : FORMULER DES QUESTIONS

12 Donnez la prononciation des mots ci-dessous et entraînez-vous à prononcer bien distinctement la voyelle longue [a:] et la voyelle brève [à].

1. wat [................] / waar [................]

2. maan [................] / man [................]

3. Spanje [................] / Spaans [................]

4. land [................] / maar [................]

13 Placez les prononciations suivantes à côté des pronoms correspondants.

ik   yèy   u: z'e   we   ye

Hèy   z'èy   Hèt   wèy   yùli:

1. we   5. u   9. hij
2. jullie   6. wij   10. zij
3. ik   7. ze   11. het
4. jij   8. je

Bravo, vous êtes venu(e) à bout du deuxième chapitre ! Il est maintenant temps de compter les icônes et de reporter le résultat en page 128 pour l'évaluation finale.

3 Mettre au pluriel

Le pluriel des noms

Il y a deux formes de pluriel en néerlandais.

- Le pluriel en **-en** est le plus fréquent et il suffit d'ajouter cette terminaison au nom. Rappelez-vous qu'au pluriel, l'article défini est toujours **de**.

    de mandarijn [màndа:**rèyn**] (*mandarine*) → **de mandarijnen** [màndа:**rèyn**eⁿ]

    de pruim [prœym] (*prune*) → **de pruimen** [**prœy**meⁿ]

    💡 Remarquez que pour une voyelle brève :

    la règle d'orthographe, que nous appellerons la règle d'orthographe n°❶, requiert le doublement de la consonne qui suit la voyelle brève, afin de préserver la prononciation courte de la voyelle.

    de bes [bèss] (*groseille*) → **de bessen** [**bèss**eⁿ]

    💡 Remarquez que pour une voyelle longue :

    la règle d'orthographe, que nous appellerons la règle d'orthographe n°❷, requiert deux voyelles en syllabe fermée mais <u>une seule voyelle</u> en syllabe ouverte, afin de préserver la prononciation longue de celle-ci.

    de peer [pé:r] (*poire*) → **de peren** [**pé**:reⁿ]

- La seconde forme du pluriel se construit avec la terminaison **-s**, pour par exemple les noms se terminant par un **e** atone. Nous allons revenir sur cette forme dans le chapitre 4.

Banque de mots

boodschap/boodschappen [**bo:**tssXàp] [**bo:**tssXàpeⁿ] (*course(s)*)

banaan/bananen [ba:**na**:n] [ba:**na**:neⁿ] (*banane(s)*)

braam/bramen [bra:m] [**bra**:meⁿ] (*mûre(s)*)

citroen/citroenen [ssi:**troun**] [ssi:**troun**eⁿ] (*citron(s)*)

kers/kersen [kèrss] [**kèr**sseⁿ] (*cerise(s)*)

kool/kolen [ko:l] [**ko:**leⁿ] (*chou(x)*)

meloen/meloenen [me**loun**] [me**loun**eⁿ] (*melon(s)*)

nectarine/nectarines [nèkta:**ri**:ne] [nèkta:**ri**:nes] (*nectarine(s)*)

perzik/perziken* [**pèr**z'ìk] [**pèr**z'ìkeⁿ] (*pêche(s)*)

sperzieboon/sperziebonen [ss**pèr**z'i:bo:n] [ss**pèr**z'i:bo:neⁿ] (*haricot(s) vert(s)*)

* Exception à la règle d'orthographe n°❶.

CHAPITRE 3 : METTRE AU PLURIEL

> 💡 Notez que les mots suivants peuvent avoir leur pluriel en **-en** et en **-s** :

aardappel [**a:**rdàpel] (*pomme de terre*) → **aardappelen/aardappels**
appel [**à**pel] (*pomme*) → **appelen/appels**
sinaasappel [**si:**nàssàpel]* (*orange*) → **sinaasappelen/sinaasappels**
wortel [**wor**tel] (*carotte*) → **wortelen/wortels**
* Malgré les deux **a**, la prononciation du **a** est courte.

❶ Indiquez le singulier des mots suivants.

1. de wortelen → ....
2. de sperziebonen → ....
3. de kersen → ....
4. de pruimen → ....

❷ Indiquez le pluriel des mots suivants, en respectant la règle d'orthographe n°❶.

1. de bes → ....
2. de boodschap → ....
3. de artisjok (*artichaut*) → ....
4. de sjalot (*échalote*) → ....

❸ Indiquez le pluriel des mots suivants, en respectant la règle d'orthographe n°❷.

1. de banaan → ....
2. de braam → ....
3. de peer → ....
4. de kool → ....

CHAPITRE 3 : METTRE AU PLURIEL

Les nombres cardinaux

1	een	[é:n]	21	eenentwintig	[é:nèntwìnteX]
2	twee	[twé:]	22	tweeëntwintig	[twé:èntwìnteX]
3	drie	[dri:]	23	drieëntwintig	[dri:èntwìnteX]
4	vier	[v'i:r]	24	vierentwintig	[v'i:rèntwìnteX]
5	vijf	[v'èyf]	25	vijfentwintig	[v'èyfèntwìnteX]
6	zes	[z'èss]	26	zesentwintig	[z'èssèntwìnteX]
7	zeven	[z'é:v'eⁿ]	27	zevenentwintig	[z'é:v'eⁿèntwìnteX]
8	acht	[àXt]	28	achtentwintig	[àXtèntwìnteX]
9	negen	[né:Xeⁿ]	29	negenentwintig	[né:XeⁿèntwìnteX]
10	tien	[ti:n]	30	dertig	[dèrteX]
11	elf	[èlf]	40	veertig	[v'é:rteX]
12	twaalf	[twa:lf]	50	vijftig	[v'èyfteX]
13	dertien	[dèrti:n]	60	zestig	[z'èssteX]
14	veertien	[v'é:rti:n]	70	zeventig	[z'é:v'eⁿteX]
15	vijftien	[v'èyfti:n]	80	tachtig	[tàXteX]
16	zestien	[z'èssti:n]	90	negentig	[né:XeⁿteX]
17	zeventien	[z'é:v'eⁿti:n]	100	honderd	[Hòndert]
18	achttien	[àXti:n]	101	honderdeen	[Hònderté:n]
19	negentien	[né:Xeⁿti:n]	102	honderdtwee	[Hòndertwé:]
20	twintig	[twìnteX]	103	honderddrie	[Hòndertdri:]

- De 13 à 19, on indique d'abord l'unité, puis la dizaine.

- De 21 à 99, c'est le même principe, sauf que l'on intercale **en** entre l'unité et la dizaine :
  21 → een**en**twintig

Notez les irrégularités suivantes :

3 → **drie**, mais 13 → **dertien**, 30 → **dertig**

4 → **vier**, mais 14 → **veertien**, 40 → **veertig**

18 → **achttien**, mais 80 → **tachtig**

200	tweehonderd	[twé:Hòndert]
300	driehonderd	[dri:Hòndert]
400	vierhonderd	[v'i:rHòndert]
1000	duizend	[dœyz'ent]
2000	tweeduizend	[twé:dœyz'ent]
3000	drieduizend	[dri:dœyz'ent]

- Au-delà de **1000**, on continue la plupart du temps à compter par centaine :

  1999 → negentienhonderdnegenennegentig

  11000 → elfduizend

CHAPITRE 3 : METTRE AU PLURIEL

- Pour écrire les nombres de quatre chiffres, on n'utilise pas d'espace ni de point. On en utilise pour les nombres de plus de quatre chiffres.

  1000   duizend
  10 000 / 10.000   tienduizend
  100 000 / 100.000   honderdduizend

- Les nombres s'écrivent en un seul mot jusqu'au mot **duizend** (*mille*) :

  4029 → **vierduizend negenentwintig**   15 000 → **vijftienduizend**

> Attention à la prononciation :

- Lorsque plusieurs **-e** se suivent, le tréma indique le début de la nouvelle syllabe et par conséquent une coupure dans la prononciation : **tweeëntwintig** [**twé**:èntwìnteX].
- Rappelez-vous que le suffixe **-ig** se prononce avec un **e** atone [eX] : **twintig** [**twìn**teX].

4 Traduisez la liste des courses, en écrivant les nombres en toutes lettres.

a. 8 citrons → ....
b. 5 poires → ....
c. 3 oranges → ....
d. 4 bananes → ....

5 Écrivez ces nombres en chiffres.

1. honderdnegenennegentig → ....

2. zevenentachtig → ....

3. drieduizend vijfhonderdvierentwintig → ....

CHAPITRE 3 : METTRE AU PLURIEL

« Combien coûte / coûtent … ? » se dit **« Hoeveel kost / kosten …? »** en néerlandais.
Répondez aux questions selon le modèle et traduisez ensuite les questions.

ex.: Hoeveel kosten de sperziebonen? : 3 €

trad. question → Combien coûtent les haricots verts ?

réponse → Ze kosten drie euro.

trad. réponse → Ils coûtent trois euros.

1. Hoeveel kosten de boodschappen? : 65 €

trad. question → ....

réponse → ....

trad. réponse → ....

2. Hoeveel kost het huis? : 323.000 €

trad. question → ....

réponse → ....

trad. réponse → ....

3. Hoeveel kost de mand? : 88 €

trad. question → ....

réponse → ....

trad. réponse → ....

Souvenez-vous :
Le pronom **het** (*il, elle*) se réfère aux noms singuliers du genre neutre : **het huis** → **het**
Le pronom **hij** (*il*) se réfère aux noms singuliers du genre commun : **de tuin** → **hij**
Le pronom **ze/zij** (*ils, elles*) se réfère aux noms pluriels des deux genres :
de landen → **ze/zij, de manden** → **ze/zij**

CHAPITRE 3 : METTRE AU PLURIEL

Les couleurs : de kleuren

- wit [wìt] (*blanc*)
- zwart [z'wàrt] (*noir*)
- rood [ro:t] (*rouge*)
- paars [pa:rss] (*violet*)
- bruin [brœyn] (*brun*)
- oranje [òrañye]* (*orange*)
- groen [Xroun] (*vert*)
- grijs [Xrèyss] (*gris*)
- geel [Xé:l] (*jaune*)
- blauw [blaou] (*bleu*)
- roze [ròz'e]* (*rose*)

* Malgré le **o** en syllabe ouverte, la prononciation est courte.

7 Welke kleur heeft …? [wèlke kleur Hé:ft] De quelle couleur est/sont …? Répondez aux questions suivantes selon l'exemple.
ex. : Welke kleur heeft een citroen? → Een citroen is geel.

1. Welke kleur heeft inkt (*encre*)?

→ ....

2. Welke kleur heeft gras (*herbe*)?

→ ....

3. Welke kleur heeft een braam?

→ ....

4. Welke kleur heeft een wortel?

→ ....

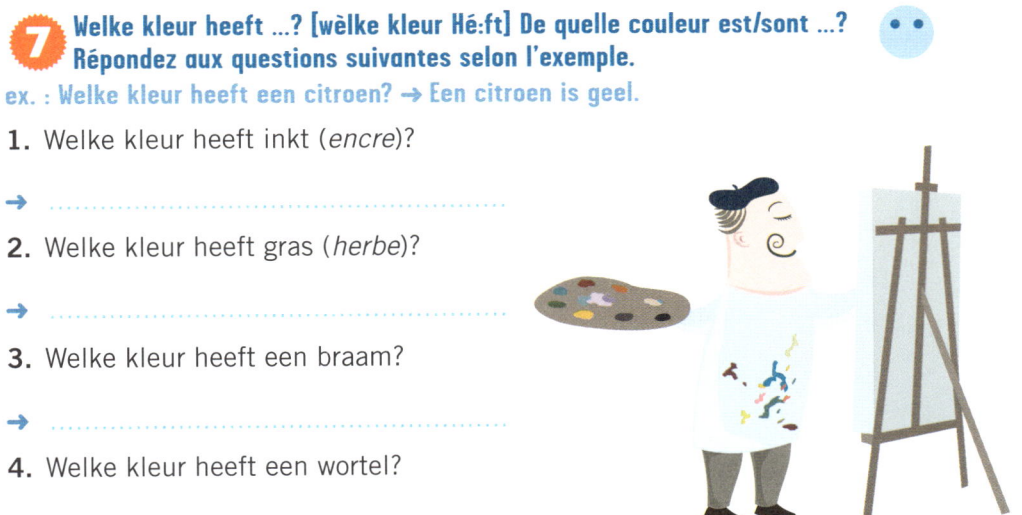

8 Donnez la prononciation des mots ci-dessous et entraînez-vous à prononcer bien distinctement la voyelle longue [o:] et la voyelle brève [ò].

1. zon [............] / zoon [............]

2. rood [............] / rot (*pourri*) [............]

3. wortel [............] / woord (*mot*) [............]

4. kool [............] / kost [............]

Rappelez-vous que le **-n** final dans une syllabe non accentuée se prononce à peine.

CHAPITRE 3 : METTRE AU PLURIEL

9 Indiquez si la prononciation proposée est correcte ou non : GOED ou FOUT.

1. bananen
[ba:**na**:ⁿ]
☐ goed
☐ fout

2. banaan
[ba:**na**:neⁿ]
☐ goed
☐ fout

3. citroen
[ssi:**trou**ⁿ]
☐ goed
☐ fout

4. meloenen
[me**loune**ⁿ]
☐ goed
☐ fout

10 Écrivez en toutes lettres les nombres que vous trouvez sur votre trajet pour pouvoir sortir de ce labyrinthe.

4286	12	55	1629	314
93	7	71	301	11
1997	789	40	8256	76
13	30	6066	2342	87
88	809	108	96	21

1. ....
2. ....
3. ....
4. ....
5. ....
6. ....
7. ....
8. ....
9. ....
10. ....

CHAPITRE 3 : METTRE AU PLURIEL

**Écrivez ces opérations en toutes lettres.
Pour vous aider, voici les symboles mathématiques**

+ plus
- min
× maal
= is
÷ gedeeld door

1. 521 − 22 =
2. 66 ÷ 2 =
3. 65 + 309 =

1. → ....
2. → ....
3. → ....

Bravo, vous êtes venu(e) à bout du troisième chapitre ! Il est maintenant temps de compter les icônes et de reporter le résultat en page 128 pour l'évaluation finale.

4

Faire les présentations (1)

Les pronoms démonstratifs

- Pour présenter des personnes ou identifier des objets, on utilise les pronoms démonstratifs :

  dit [dìt], *ceci / voici,* **dat** [dàt], *cela / voilà*

  Dit is Marc en dat is Wim, *Voici Marc et voilà Wim*

  Dit is geel en dat is rood, *Ceci est jaune et cela est rouge*

  Dit is de zoon van Marga en dat is de zoon van Annie, *Voici le fils de Marga et voilà le fils d'Annie*

- À partir de ce chapitre, nous indiquerons le genre des noms. Prenez l'habitude d'apprendre le nom avec son genre.

 Remarquez que la majorité des noms sont du genre commun.

Banque de mots

de ouder [**aou**der] (*le parent*)

de vader [**v'a**:der] (*le père*)

de moeder [**mou**der] (*la mère*)

de man [màn] (*le mari*)

de vrouw [v'raou] (*la femme*)

het kind [kìnt] (*l'enfant*)

de zoon [z'o:n] (*le fils*)

de dochter [dòXter] (*la fille*)

de broer [brour] (*le frère*)

de zus [z'ùss] (*la sœur*)

de neef [né:f] (*le cousin, le neveu*)

de nicht [nìXt] (*la cousine, la nièce*)

de tante [**tàn**te] (*la tante*)

de oom [o:m] (*l'oncle*)

de grootouder [**Xro:t**aouder] (*le grand-parent*)

de grootvader [**Xro:t**v'a:der] (*le grand-père*)

de grootmoeder [**Xro:t**mouder] (*la grand-mère*)

het kleinkind [**klèyn**kìnt] (*le petit-enfant*)

de kleinzoon [**klèyn**z'o:n] (*le petit-fils*)

de kleindochter [**klèyn**dòXter] (*la petite-fille*)

CHAPITRE 4 : FAIRE LES PRÉSENTATIONS (1)

1 Reliez chaque nom avec le nom du sexe opposé qui lui correspond.

1. broer
2. kleindochter
3. nicht
4. grootvader
5. man
6. oom
7. dochter

a. vrouw
b. grootmoeder
c. zoon
d. kleinzoon
e. neef
f. tante
g. zus

2 Faites maintenant les présentations avec les paires que vous avez trouvées en suivant l'exemple, et traduisez ensuite les phrases.

1. Dit is de .... van Marga en dat is de .... van Marc.
→ ....
2. ....
→ ....
3. ....
→ ....
4. ....
→ ....
5. ....
→ ....
6. ....
→ ....
7. ....
→ ....

31

CHAPITRE 4 : FAIRE LES PRÉSENTATIONS (1)

L'adjectif démonstratif singulier

Genre neutre	Genre commun	
dit + nom au singulier	**deze** + nom au singulier	ce, cet, cette ...-ci
dat + nom au singulier	**die** + nom au singulier	ce, cet, cette ...-là

dit land (*ce pays-ci*), **deze mand** (*ce panier-ci*)

dat land (*ce pays-là*), **die mand** (*ce panier-là*)

- Les formes **dit** et **deze** s'emploient <u>uniquement</u> en cas d'une nette proximité entre le locuteur et l'objet désigné, par exemple lorsqu'on a l'objet dans la main ou à portée de main.
- Dans tous les autres cas, les formes **dat** et **die** sont privilégiées.

L'adjectif démonstratif pluriel

Genre neutre et commun	
deze + nom au pluriel	ces ...-ci
die + nom au pluriel	ces ...-là

deze landen (*ces pays-ci*),

die landen (*ces pays-là*),

deze manden (*ces paniers-ci*)

die manden (*ces paniers-là*)

Étant donné qu'au pluriel le néerlandais ne connaît qu'un seul article, l'adjectif démonstratif pluriel pour le genre neutre et commun est identique.

3 Existe-t-il une nette proximité entre le locuteur et l'objet ?

1. Deze man is groot. ☐ oui ☐ non
2. Die mannen zijn klein. ☐ oui ☐ non
3. Die bananen zijn geel. ☐ oui ☐ non
4. Deze bananen zijn groen. ☐ oui ☐ non
5. Dit kind is lief (*gentil*). ☐ oui ☐ non
6. Dat kind is vervelend. ☐ oui ☐ non
7. Die meisjes zijn triest. ☐ oui ☐ non
8. Deze meisjes zijn vrolijk. ☐ oui ☐ non

CHAPITRE 4 : FAIRE LES PRÉSENTATIONS (1)

Les verbes réguliers au présent (suite)

Voici quelques verbes dont la conjugaison est régulière.
Attention par contre à l'orthographe !

gaan [Xa:n] (*aller*)

ik ga	[ìk Xa:]
je, u gaa**t**	[ye, u: Xa:t]
hij, ze, het gaa**t**	[Hèy, z'e, Hèt Xa:t]
we gaan	[we Xa:n]
jullie gaan	[**yù**li: Xa:n]
ze gaan	[z'e Xa:n]

wonen [**wo:**ne^n] (*habiter*)

ik woon	[ìk wo:n]
je, u woon**t**	[ye, u: wo:nt]
hij, ze, het woon**t**	[Hèy, z'e, Hèt wo:nt]
we wonen	[we **wo:**ne^n]
jullie wonen	[**yù**li: **wo:**ne^n]
ze wonen	[z'e **wo:**ne^n]

spreken [s**spré:**ke^n] (*parler*)

ik spreek	[ìk s**spré:**k]
je, u spreek**t**	[ye, u: s**spré:**kt]
hij, ze, het spreek**t**	[Hèy, z'e, Hèt s**spré:**kt]
we spreken	[we s**spré:**ke^n]
jullie spreken	[**yù**li: s**spré:**ke^n]
ze spreken	[z'e s**spré:**ke^n]

La règle d'orthographe n°❷, qui requiert deux voyelles en syllabe fermée mais <u>une seule voyelle</u> en syllabe ouverte, s'applique ici, afin de préserver la prononciation longue de la voyelle.

heten [**Hé:**te^n] (*s'appeler*)*

ik heet	[ìk **Hé:**t]
je, u heet	[ye, u: **Hé:**t]
hij, ze, het heet	[Hèy, z'e, Hèt **Hé:**t]
we heten	[we **Hé:**te^n]
jullie heten	[**yù**li: **Hé:**te^n]
ze heten	[z'e **Hé:**te^n]

- Notez que pour les 2e et 3e personnes du singulier, nous n'ajoutons pas de **-t**, car en néerlandais il n'y a jamais deux consonnes identiques à la fin d'un mot. Nous appellerons cette règle la règle d'orthographe n°❸.

* **Heten** n'est pas un verbe pronominal, comme c'est le cas en français.

CHAPITRE 4 : FAIRE LES PRÉSENTATIONS (1)

4 Cochez la bonne conjugaison du verbe et/ou le bon complément.

1.	Hij	⭕ heet ⭕ heett ⭕ heten	⭕ Anja. ⭕ Viktor. ⭕ een meisje.
2.	Ik	⭕ gaan ⭕ gaa ⭕ ga	naar (*à*) Amsterdam.
3.	We	⭕ woont ⭕ wonen ⭕ woon	in Parijs.
4.	Jullie	⭕ spreken ⭕ spreek ⭕ spreekt	⭕ Frans. ⭕ Frankrijk. ⭕ Nederland.

5 Formez des phrases correctes à l'aide des éléments fournis.

Hans   Jasper   heet   hij   of   ?   heet   hij

gaan   naar   naar   Parijs   en   wij   gaat   jij   Amsterdam

→ ....

→ ....

Italiaans   en   spreekt   ?   Portugees   u

→ ....

6 Donnez la prononciation des mots ci-dessous et entraînez-vous à prononcer bien distinctement la voyelle longue [u:] et la voyelle brève [ù].

1. **zus** [..........] / **zuur** [..........]

2. **u** [..........] / **tussen** [..........]

3. **plus** [..........] / **vuur** (*feu*) [..........]

4. **buur** (*voisin*) [..........] / **bus** (*bus*) [..........]

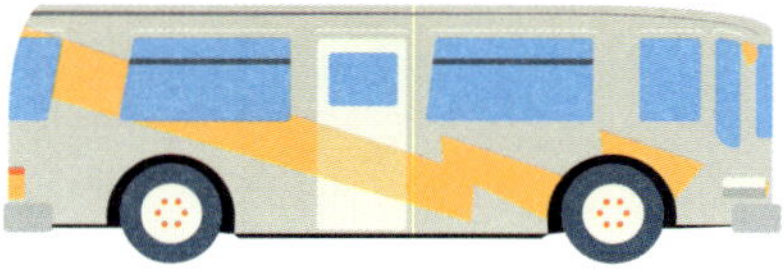

CHAPITRE 4 : FAIRE LES PRÉSENTATIONS (1)

7 Trouvez la traduction des mots suivants dans cette ligne de mots collés.

dochtertuinvuurvaderhuisneefbuurbruinzusouder
busintussennaarplusminzuurmaalkleinkinduland

1. **voisin** → ....
2. **bus** → ....
3. **vous** → ....
4. **plus** → ....
5. **sœur** → ....
6. **feu** → ....
7. **entre** → ....
8. **acide** → ....

8 Indiquez les liens de parenté à l'aide de l'arbre généalogique ci-dessous.

1. Hanneke .... Annelies en Martin.

2. Annelies en Martin .... Hanneke en Mark.

3. Mark .... Hanneke.

4. Annelies .... Martin.

Le pluriel des noms (suite)

- Nous avons vu que le néerlandais connaît deux formes du pluriel et que la seconde forme se construit avec la terminaison **-s**, par exemple les noms se terminant par un **e** atone :

    de nectarine → **de nectarines**

    het meisje → **de meisjes**

    de tante → **de tantes**

- Après les noms qui se terminent par une voyelle longue **-a**, **-o**, **-i** ou **-u**, on ajoute une apostrophe avant le **-s** pour conserver la prononciation longue de la voyelle :

    de collega (*collègue*) → **de collega's** [kòlé:Xa:ss]

    de kilo (*kilo*) → **de kilo's** [ki:lo:ss]

    de kiwi (*kiwi*) → **de kiwi's** [ki:wi:ss]

- Les noms comportant plusieurs syllabes et se terminant par une syllabe non accentuée en **-el** ou **-er** prennent en règle générale également un **-s** au pluriel :

    de vogel (*oiseau*) → **de vogels** [v'o:Xelss]

    de liter (*litre*) → **de liters** [li:terss]

    de ouder (*parent*) → **de ouders** [aouderss]

    de borrel (*apéritif*) → **de borrels** [bòrelss]

- Le pluriel en **-s** s'utilise aussi pour des noms empruntés à d'autres langues :

    het perron (*quai*) → **de perrons** [pèrònss]

    de film (*film*) → **de films** [fìlmss]

 Remarquez que le **-s** final se prononce toujours.

CHAPITRE 4 : FAIRE LES PRÉSENTATIONS (1)

9 Complétez le tableau suivant.

	singulier	pluriel
1.	Een film	Twee ....
2.	....	De perrons
3.	Een vogel	Drie ....
4.	....	De borrels
5.	Een collega	Vijf ....
6.	....	De meisjes

10 Reliez chaque mot à sa prononciation. Attention aux intrus !

Bravo, vous êtes venu(e) à bout du quatrième chapitre ! Il est maintenant temps de compter les icônes et de reporter le résultat en page 128 pour l'évaluation finale.

5
Faire les présentations (2)

Vouvoyer et tutoyer

- Voici quelques structures fréquentes de présentation :

  Ik heet … *Je m'appelle …*

  Mijn naam is … [mèyn na:m ìss] *Mon nom est …*

  Mijn achternaam [àXterna:m] **is …** *Mon nom de famille est …*

  Mijn voornaam [v'o:rna:m] **is …** *Mon prénom est …*

- À ces structures correspondent les questions suivantes :

  Hoe heet je? [Hou Hé:t ye] *Comment tu t'appelles ?*

  Hoe heet u? [Hou Hé:t u:] *Comment vous appelez-vous ?*

  Wat is je naam? [wat iss ye na:m] *Quel est ton nom ?*

  Wat is uw naam? [wat iss uou na:m] *Quel est votre nom ?*

- Les Néerlandais se tutoient facilement, même s'ils ne se connaissent pas. Ne soyez donc pas surpris qu'un employé tutoie son patron ou qu'un jeune tutoie une personne âgée. En règle générale, l'emploi du prénom est une invitation à tutoyer.

❶ Reliez les questions aux réponses correspondantes.

1. Wat is je naam?	☐ ☐	a. Ik heet Vermeer.
2. Hoe heet u?	☐ ☐	b. Mijn achternaam is Steen.
3. Wat is uw achternaam?	☐ ☐	c. Ik heet Johannes.
4. Wat is je voornaam?	☐ ☐	d. Mijn naam is Karel.
5. Hoe heet je?	☐ ☐	e. Mijn voornaam is Jan.

CHAPITRE 5 : FAIRE LES PRÉSENTATIONS (2)

L'adjectif possessif (formes accentuées)

- Contrairement au français, les adjectifs possessifs se réfèrent aux possesseurs et sont invariables, sauf **ons / onze**. **Ons** s'emploie devant un nom du genre neutre (**ons kind**, *notre enfant*) et **onze** s'emploie devant un nom du genre commun (**onze dochter**, *notre fille*).
- **Zijn** se réfère toujours à un homme :
  Hans ➜ **zijn kind**, *son enfant*
- **Haar** se réfère toujours à une femme
  Eva ➜ **haar kind**, *son enfant*

mon, ma, mes	ton, ta, tes	votre, vos	son, sa, ses (à lui)	son, sa, ses (à elle)	notre, nos	votre, vos	leur, leurs
mijn	**jouw**	**uw***	**zijn**	**haar**	**ons / onze**	**jullie****	**hun**
[mèyn]	[yaou]	[u:]	[z'èyn]	[Ha:r]	[ònss] [ònz'e]	[yùli:]	[Hùn]

* forme de politesse ** possesseurs pluriels tutoiement

2 Traduisez les énoncés suivants.

1. mijn kleindochters ➜ ....
2. ons huis ➜ ....
3. haar zoon ➜ ....
4. zijn broers ➜ ....
5. onze ouders ➜ ....
6. jullie tuin ➜ ....
7. jouw nichten ➜ ....
8. uw neef ➜ ....
9. hun honden ➜ ....

CHAPITRE 5 : FAIRE LES PRÉSENTATIONS (2)

Banque de mots

het beroep [be**roup**] (*le métier*)

de apotheker [àpo:**té**:ker]* (*le pharmacien*)

de arts [**àrt**ss] (*le médecin*)

de bakker [**bà**ker] (*le boulanger*)

de boekhouder [**bouk**Haouder] (*le comptable*)

de docent [do:**ssènt**] (*le professeur*)

de dokter [**dòk**ter] (*le médecin*)

de groenteboer [**Xroun**tebour] (*le marchand de légumes*)

de informaticus [ìnfòr**ma**:ti:kùss] (*l'informaticien*)

de kaasboer [**ka:ss**bour] (*le fromager*)

de kapper [**kà**per] (*le coiffeur*)

de kok [**kòk**] (*le cuisinier*)

de postbode [**pòsst**bo:de] (*le facteur*)

de schilder [**ssXil**der] (*le peintre*)

de slager [**ssla**:Xer] (*le boucher*)

de visboer [**v'ìss**bour] (*le poissonnier*)

* Le **a** a une prononciation courte même s'il se trouve dans une syllabe ouverte.

 Remettez les lettres dans l'ordre pour former des noms de métiers.

1. **K A K E B R** → ....

2. **R D K O T E** → ....

3. **B I S V R E O** → ....

4. **O N E D T C** → ....

5. **L E S H D R I C** → ....

CHAPITRE 5 : FAIRE LES PRÉSENTATIONS (2)

4 Trouvez le nom du métier manquant puis traduisez les phrases suivantes.

1. Voici mon frère. Il est ....
   → ....

2. Voilà son petit-fils (à elle). Il est ....
   → ....

3. Ce garçon-ci est ....
   → ....

4. Ce neveu-là est ....
   → ....

5 Donnez la prononciation des mots ci-dessous et entraînez-vous à prononcer bien distinctement la voyelle longue [é:] et la voyelle brève [è].

1. zes   [............] / zeef (*passoire*) [............]
2. mees   [............] / mes   [............]   [é:]
3. bes   [............] / beest (*bête*)   [............]   [è]
4. zeep (*savon*) [............] / bel (*sonnette*) [............]

CHAPITRE 5 : FAIRE LES PRÉSENTATIONS (2)

La règle d'orthographe n°④

- En néerlandais, un **-v** ou un **-z** ne peut pas se trouver en position finale. Dans ce cas, la consonne finale **-v** est remplacée par un **-f** et la consonne finale **-z** est remplacée par un **-s**. Nous appellerons cette règle la règle d'orthographe n°④ et l'illustrerons à l'aide des verbes **geven** et **lezen**.

- Souvenez-vous qu'il faut enlever la terminaison **-en** pour obtenir la 1ʳᵉ personne du singulier : **geven → gev**

- Nous appliquons d'abord la règle d'orthographe n°②, qui requiert deux voyelles en syllabe fermée, afin de préserver la prononciation longue de celle-ci : **gev → geev**

- Ensuite, nous appliquons la règle d'orthographe n°④, qui requiert le changement de **-v** en **-f** : **geev → geef**

geven [**Xé**:v'eⁿ] (*donner*)

ik geef	[ìk Xé:f]
je, u geeft	[ye, u: Xé:ft]
hij, ze, het geeft	[Hèy, z'e, Hèt Xé:ft]
we geven	[we **Xé**:v'eⁿ]
jullie geven	[**yù**li: **Xé**:v'eⁿ]
ze geven	[z'e **Xé**:v'eⁿ]

lezen [**lé**:z'eⁿ] (*lire*)

ik lees	[ìk lé:ss]
je, u leest	[ye, u: lé:sst]
hij, ze, het leest	[Hèy, z'e, Hèt lé:sst]
we lezen	[we **lé**:z'eⁿ]
jullie lezen	[**yù**li: **lé**:z'eⁿ]
ze lezen	[z'e **lé**:z'eⁿ]

❻ Complétez le tableau en conjuguant les verbes au présent de l'indicatif et en appliquant les règles d'orthographe.

geven	lezen
jullie	hij ....
je	we ....
we	je ....
ik	jullie ....
u	ik ....
hij	u ....
ze	ze ....

CHAPITRE 5 : FAIRE LES PRÉSENTATIONS (2)

7 Conjuguez le verbe correctement en vous aidant de la traduction française fournie.

1. **Hij** (*lit*) .... **een boek** (*livre*).
2. (*lis*) .... jij een boek?
3. **Ze** (*donnent*) .... Chris een fiets (*vélo*).
4. **Waarom** (*donnez*) .... jullie Chris een fiets?
5. **Wanneer** (*lisez*) .... **u de krant** (*journal*)?
6. **Ik** (*donne*) .... Tessa een boek.

8 Traduisez les phrases de l'exercice 7.

1. ....
2. .... ?
3. ....
4. .... ?
5. .... ?
6. ....

• La règle d'orthographe n° **4** ne s'applique pas uniquement aux verbes, mais également aux noms. C'est en règle générale le cas pour les mots comportant une diphtongue ou une voyelle longue. C'est pour cette raison que l'on trouve un **-f** ou **-s** à la fin du mot au singulier, et un **-v** ou **-z** au pluriel :

het huis → de huizen

de druif → de druiven (*raisins*)

de mees → de mezen

de neef → de neven

de doos → de dozen (*boîtes*)

de raaf → de raven (*corbeaux*)

CHAPITRE 5 : FAIRE LES PRÉSENTATIONS (2)

9 Complétez les phrases en utilisant le pluriel figurant sur les images.

1. Dit zijn twee .... **2.** Dat zijn drie ....

3. Dit zijn de .... van Mieke. **4.** Dat zijn de .... van Robin.

Banque de mots
Salutations fréquentes : demander comment ça va et y répondre

Dag Eline [dàX é:**li**:ne] (*Bonjour Eline*)

Hallo* Jesse, hoe gaat het?
[Ha:**lo: Yès**se Hou Xa:t Hèt]
(*Salut Jesse, comment ça va ?*)

Hoi*, gaat alles goed?
[Hoy Xa:t **à**less Xout]
(*Salut, tout va bien ?*)

Alles goed? (*Ça va ?*)

Dag meneer Jansen. [dàX me**né:**r **yà**nsse^n]
(*Bonjour monsieur Jansen.*)

Dag mevrouw Bakker.
[dàX me**v'raou bà**ker]
(*Bonjour madame Bakker.*)

Hoe gaat het met u?
[Hou Xa:t Hèt mèt u:]
(*Comment allez-vous ?*)

Alles gaat goed. (*Tout va bien.*)

Ja prima! [ya: **pri:**ma:] (*Oui, parfaitement !*)

Uitstekend! [œyt**sté**:kent] (*Parfaitement/Très bien !*)

Het gaat wel! [Hèt Xa:t wèl] (*Ça peut aller !*)

En met u? [èn mèt u:] (*Et vous ?*)

En met jou? [èn mèt yaou] (*Et toi ?*)

Dag / Tot ziens! [tòt z'i:nss] (*Au revoir !*)

Dag / Doeg* [douX] **/ Doei!*** [doui:]
(*Salut / Ciao !*)

Dag meneer Jansen / Dag mevrouw Bakker.
(*Au revoir monsieur Jansen / Au revoir madame Bakker.*)

* salutation informelle

CHAPITRE 5 : FAIRE LES PRÉSENTATIONS (2)

10 Complétez les bulles suivantes pour demander comment ça va.

Hoi Daan.
A.................... ?
Ja, prima!
E.................... ?
Het gaat wel. Doeg!

Dag mevrouw Visser.
H.................... ?
Alles gaat goed.
E.................... ?
Prima! Dag mevrouw.

Dag meneer De Boer.
H.................... ?
Uitstekend!
E.................... ?
Prima! Tot ziens meneer De Boer.

Hallo Floor.
G.................... ?
Het gaat wel!
E.................... ?
Alles gaat goed. Doei!

11 Complétez par l'adjectif possessif en vous aidant de la traduction française.

1. (*notre*) → .... mezen
2. (*notre*) → .... huis
3. (*ses - à elle*) → .... neven
4. (*ses - à lui*) → .... dozen
5. (*votre - forme de politesse*)
→ .... raven
6. (*votre - possesseurs pluriels tutoiement*)
→ .... druif

12 Mettez les mots soulignés de l'ex.11 au singulier ou au pluriel.

1. ....
2. ....
3. ....
4. ....
5. ....
6. ....

Bravo, vous êtes venu(e) à bout du cinquième chapitre ! Il est maintenant temps de compter les icônes et de reporter le résultat en page 128 pour l'évaluation finale.

6
Formuler des négations

La négation

Elle s'exprime soit avec **niet**, soit avec **geen**.

- La négation **niet** s'utilise devant un adjectif ou un adverbe.

    Wij zijn vrolijk ➜ **Wij zijn niet vrolijk** (*Nous ne sommes pas gais*)
    Michel is kwaad ➜ **Michel is niet kwaad** (*Michel n'est pas fâché*)
    Marieke werkt hard ➜ **Marieke werkt niet hard** (*Marieke ne travaille pas dur*)
    De trein rijdt snel ➜ **De trein rijdt niet snel** (*Le train ne roule pas vite*)

- **Niet** s'utilise aussi pour nier toute une phrase. Il se place après le verbe ou après un nom défini, mais devant une préposition.

    Jasmijn fietst ➜ **Jasmijn fietst niet** (*Jasmijn ne fait pas du vélo*)
    Robin leest ➜ **Robin leest niet** (*Robin ne lit pas*)
    Ze ziet de hond ➜ **Ze ziet de hond niet** (*Elle ne voit pas le chien*)
    Ik woon in Frankrijk ➜ **Ik woon niet in Frankrijk** (*Je n'habite pas en France*)

- La négation **geen** s'utilise devant un nom <u>indéfini</u>.

    Ze heeft dorst ➜ **Ze heeft geen dorst** (*Elle n'a pas soif*)
    Hij heeft honger ➜ **Hij heeft geen honger** (*Il n'a pas faim*)
    Ze ziet een krant ➜ **Ze ziet geen krant** (*Elle ne voit pas de journal*)
    Ze ziet kranten ➜ **Ze ziet geen kranten** (*Elle ne voit pas de journaux*)

Banque de mots

blijven [blèyv'e^n] (*rester*)
glijden [Xlèyde^n] (*glisser*)
lopen [lo:pe^n] (*marcher*)
rennen [rène^n] (*courir*)

rijden [rèyde^n] (*rouler*)
varen [v'a:re^n] (*naviguer*)
vertrekken [vertrèke^n] (*partir*)
vliegen [v'li:Xe^n] (*voler*)

CHAPITRE 6 : FORMULER DES NÉGATIONS

Banque de mots

de auto [**aou**to:] (*la voiture*)
de brommer [**bròm**er] (*le vélomoteur*)
de motor [**mo**:tòr] (*la moto*)
de motorboot [**mo**:tòrbo:t] (*le bateau à moteur*)
de slee [sslé:] (*la luge, le traîneau*)
de step [sstèp] (*la trottinette*)
de taxi [**tàk**ssi:] (*le taxi*)
de tram [trèm] (*le tram*)
de trein [trèyn] (*le train*)
het vliegtuig [**v'li:X**tœyX] (*l'avion*)
de vrachtwagen [**v'ràXt**wa:Xe^n] (*le camion*)
het zeilschip [**z'èyl**sXìp] (*le voilier*)

❶ Répondez aux questions suivantes, comme dans l'exemple.

ex. : Is dit een auto? → Nee, dit is geen auto. → Dit is een slee.

 1. **Is dit een fiets?** → ....
→ ....

2. Is dat een zeilschip? → ....
→ ....

 3. Zijn dit steppen? → ....
→ ....

4. Zijn dat treinen? → ....
→ ....

CHAPITRE 6 : FORMULER DES NÉGATIONS

2 Mettez à la forme interrogative en utilisant le bon pronom, puis à la forme négative, comme dans l'exemple.

ex. : Nienke en Robert werken hard.
a. Werken ze hard?   b. Nee, ze werken niet hard.

1. Peter en Rosalie fietsen in de tuin.
a. .... ?   b. ....

2. Femke woont in Spanje.
a. .... ?   b. ....

3. Max is kwaad.
a. .... ?   b. ....

4. Anouk ziet het vliegtuig.
a. .... ?   b. ....

5. Bram leest het boek.
a. .... ?   b. ....

3 Selon la règle ci-dessus, cochez la phrase où <u>niet</u> est correctement placé.

1 a. ☐ Het is warm **niet**.   b. ☐ Het is **niet** warm.

2 a. ☐ Hij werkt in de tuin **niet**.   b. ☐ Hij werkt **niet** in de tuin.

3 a. ☐ Ze lopen **niet** snel.   b. ☐ Ze lopen snel **niet**.

4 a. ☐ Ze is **niet** ziek.   b. ☐ Ze is ziek **niet**.

5 a. ☐ Ze zien **niet** het boek.   b. ☐ Ze zien het boek **niet**.

4 Reliez les noms aux verbes correspondants.

1. **het vliegtuig** ☐   ☐ **rijdt**

2. **de motorboot** ☐   ☐ **vliegt**

3. **de vrachtwagen** ☐   ☐ **glijdt**

4. **de slee** ☐   ☐ **vaart**

CHAPITRE 6 : FORMULER DES NÉGATIONS

- Souvenez-vous de la règle d'orthographe n° ❶ : elle s'applique à la conjugaison au présent des verbes de type **rennen** et **vertrekken**.

Et de la règle d'orthographe n° ❷, qui s'applique à la conjugaison au présent des verbes de type **lopen** et **varen**.

rennen
ik ren
je rent / ren je?
u rent
hij, ze, het rent
we rennen
jullie rennen
ze rennen

vertrekken
ik vertrek
je vertrekt / vertrek je?
u vertrekt
hij, ze, het vertrekt
we vertrekken
jullie vertrekken
ze vertrekken

lopen
ik loop
je loopt / loop je?
u loopt
hij, ze, het loopt
we lopen
jullie lopen
ze lopen

varen
ik vaar
je vaart / vaar je?
u vaart
hij, ze, het vaart
we varen
jullie varen
ze varen

5 Complétez le tableau suivant en conjuguant les verbes au présent de l'indicatif.

	lopen	rennen	varen	vertrekken
ik		ren		vertrek
je			vaart	
u	loopt			
hij, zij, het				
we				vertrekken
jullie	lopen		varen	
ze		rennen		

6 Mettez les énoncés suivants à la forme négative, en utilisant <u>niet</u> ou <u>geen</u>.

1. Het meisje heeft dorst. ➜ ....

2. Hebben jullie een zeilschip? ➜ ....

3. Zie je de taxi? ➜ ....

4. De trein vertrekt. ➜ ....

5. Hij ziet een hond in de mand. ➜ ....

6. Wij lopen snel. ➜ ....

CHAPITRE 6 : FORMULER DES NÉGATIONS

7 Donnez la prononciation des mots ci-dessous et entraînez-vous à prononcer bien distinctement la voyelle longue [i:] et la voyelle brève [ì].

1. ziek   [................] / schip   [................]
2. ik   [................] / vlieg (*mouche*) [................]
3. taxi   [................] / vis (*poisson*) [................]
4. schilder   [................] / prima   [................]

8 Retrouvez quatre noms et quatre verbes indiquant un moyen de locomotion dans la chaîne de lettres ci-dessous.

hebbenvliegenziendorstvarenboeksleeslagervliegtuiglezenvrachtwagenmaanzeilschipmevrouwrijdenvoornaamapothekerglijdenhonger

1. .... 5. ....
2. .... 6. ....
3. .... 7. ....
4. .... 8. ....

- Souvenez-vous de la règle d'orthographe n°**3**, qui s'applique à la conjugaison au présent des verbes de type **blijven**.

blijven [**blèy**v'eⁿ] (*rester*)

ik blijf	[ìk blèyf]
je blijft	[ye blèyft]
u blijft	[u: blèyft]

hij, ze, het blijft	[Hèy, z'e, Hèt blèyft]
we blijven	[we **blèy**v'eⁿ]
jullie blijven	[yùli: **blèy**v'eⁿ]
ze blijven	[z'e **blèy**v'eⁿ]

- La conjugaison des verbes dont la racine se termine par un **-d** est tout à fait régulière. À la fin des 2ᵉ et 3ᵉ personnes du singulier, on retrouve par conséquent un **-dt**.

rijden [**rèy**deⁿ]

ik rijd	[ìk **rèy**]
je, u rij**dt**	[ye, u: **rèy**t]
hij, ze, het rij**dt**	[Hèy, z'e, Hèt **rèy**t]
we rijden	[we **rèy**den]
jullie rijden	[yùli: **rèy**den]
ze rijden	[z'e **rèy**den]

glijden [**Xlèy**deⁿ]

ik glijd	[ìk **Xlèy**]
je, u glij**dt**	[ye, u: **Xlèy**t]
hij, ze, het glij**dt**	[Hèy, z'e, Hèt **Xlèy**t]
we glijden	[we **Xlèy**den]
jullie glijden	[yùli: **Xlèy**den]
ze glijden	[z'e **Xlèy**den]

 Notez que le -**d** final à la 1ʳᵉ personne au singulier ne se prononce pas. Notez que le -**dt** final aux 2ᵉ et 3ᵉ personnes au singulier se prononce comme un [t].

CHAPITRE 6 : FORMULER DES NÉGATIONS

9 Trouvez les verbes conjugués dans la grille, horizontalement, verticalement ou en diagonale, puis complétez les phrases suivantes.

V	A	R	E	N	C	R	I	J	D	T
A	E	B	G	H	I	W	G	N	A	Y
F	O	R	H	D	F	X	I	M	F	R
V	F	P	T	E	K	U	Z	H	G	B
S	E	D	H	R	I	J	D	E	N	C
L	U	M	J	N	E	O	P	K	E	Q
V	E	R	T	R	E	K	K	E	N	Z
R	W	S	T	K	L	W	T	Y	G	A
B	L	I	J	F	Z	G	B	Q	L	R
X	M	T	Y	I	E	X	U	N	I	O
U	O	I	A	I	B	E	J	F	J	T
K	T	F	L	G	L	I	J	O	D	A
P	A	V	V	A	U	N	Q	C	T	V

1. De tram (*roule*) .... niet.
2. (*part*) .... de trein niet?
3. Deze boten (*naviguent*) .... niet.
4. Waarom (*restes*) .... je hier (*ici*)?
5. Ze (*roulent*) .... met (*avec*) een step.
6. Het vliegtuig (*vole*) .... niet snel.
7. Deze slee (*glisse*) .... niet goed.
8. Waarom (*partons*) .... we niet?

10 Révisez tous les verbes que vous avez appris jusqu'ici, puis complétez les mots croisés par la traduction française des verbes suivants.

Verticalement :
1. rijden
2. werken
3. geven
4. spreken

Horizontalement :
5. hebben
6. doen
7. lezen
8. zijn

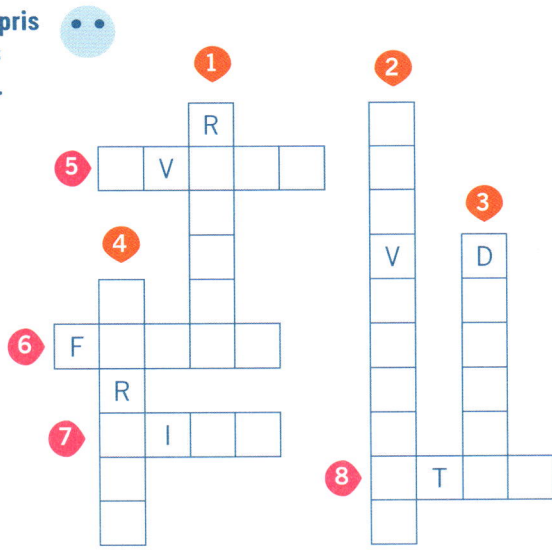

Bravo, vous êtes venu(e) à bout du sixième chapitre ! Il est maintenant temps de compter les icônes et de reporter le résultat en page 128 pour l'évaluation finale.

7 Décrire sa journée

- **De dag** signifie *le jour* ; on le retrouve à la fin de chaque mot indiquant un jour de semaine.

- On utilise la préposition **op**, *à* (littéralement *sur*), suivie du nombre cardinal pour indiquer une date :

  Op maandag 1 [é:n] **januari**, *Le lundi 1er janvier*

  Het is vandaag 21 februari, *Aujourd'hui, nous sommes le 21 février* (littéralement : *Il est aujourd'hui 21 février*)

  Mijn geboortedatum is 11 april 1999, *Ma date de naissance est le 11 avril 1999.*

- On utilise la préposition **in** (littéralement *dans*), pour indiquer *en* :

  in mei, *en mai*

  Ik werk niet in juli, *Je ne travaille pas en juillet*

- Attention !

  Ik ben jarig in mei, *J'ai mon anniversaire en mai.*

  Ik ben jarig op 8 mei, *J'ai mon anniversaire le 8 mai.*

 Notez que les jours de la semaine et les mois ne prennent pas de majuscule et ne sont pas précédés par un article défini, comme en français.

Banque de mots

De maanden van het jaar [de **ma:n**deⁿ vàn Hèt ya:r] (*Les mois de l'année*)

januari [yànu:a:ri:] (*janvier*)
februari [fé:bru:a:ri:] (*février*)
maart [ma:rt] (*mars*)
april [a:prìl] (*avril*)
mei [mèy] (*mai*)
juni [yu:ni:] (*juin*)
juli [yu:li:] (*juillet*)
augustus [aouXùsstùss] (*août*)
september [ssèptèmber] (*septembre*)
oktober [òkto:ber] (*octobre*)
november [no:v'èmber] (*novembre*)
december [dé:ssèmber] (*décembre*)

CHAPITRE 7 : DÉCRIRE SA JOURNÉE

Banque de mots

De dagen van de week [de da:Xe^n vàn de wé:k] (*Les jours de la semaine*)

maandag [ma:ndàX] (*lundi*)

dinsdag [dìnssdàX] (*mardi*)

woensdag [wounssdàX] (*mercredi*)

donderdag [dònderdàX] (*jeudi*)

vrijdag [v'rèydàX] (*vendredi*)

zaterdag [z'a:terdàX] (*samedi*)

zondag [z'òndàX] (*dimanche*)

1 Trouvez les lettres manquantes pour reconstituer les jours, puis reliez-les à leur traduction.

1. DO _ D _ _ DAG
2. _ _ IJDAG
3. Z _ _ DAG
4. MA _ _ DAG
5. D _ _ _ DAG
6. ZA _ _ _ DAG
7. _ _ ENSDAG

a. **lundi**
b. **mardi**
c. **mercredi**
d. **jeudi**
e. **vendredi**
f. **samedi**
g. **dimanche**

2 Entourez la bonne orthographe des noms des jours, dans la chaîne de mots ci-dessous et trouvez ensuite leur traduction.

zondagsondagdinsdagfrijdagzaterdagmandagwoensdagdiensdag
maandagzatedagdonderdagwoensdaagdonderdarvrijdag

Lundi → .... Vendredi → ....
Mardi → .... Samedi → ....
Mercredi → .... Dimanche → ....
Jeudi → ....

CHAPITRE 7 : DÉCRIRE SA JOURNÉE

3. Complétez les énoncés ci-dessous en vous aidant de la traduction donnée.

1. Ze is jarig in (*août*) ....
2. Hij werkt in (*septembre*) ....
3. Het is vandaag 1 (*janvier*) ....
4. Haar geboortedatum is 30 (*mai*) ....
5. Op 31 (*décembre*) .... werk ik niet.
6. Wanneer ga je naar Italië? .... In (*février*) ....
7. Waarom gaat hij in (*avril*) .... naar Spanje?
8. Ben je jarig in (*mars*) ....?
9. Is zijn geboortedatum 28 (*juin*) ....?
10. Ze werken hard in (*octobre*) ....
11. Gaan jullie in (*juillet*) .... naar Willy?
12. Wat doe je in (*novembre*) ....?

4. Traduisez les phrases de l'exercice 3.

1. → ....
2. → ....
3. → ....
4. → ....
5. → ....
6. → ....
7. → ....
8. → ....
9. → ....
10. → ....
11. → ....
12. → ....

CHAPITRE 7 : DÉCRIRE SA JOURNÉE

Les nombres ordinaux

- Pour composer un nombre ordinal, il suffit d'ajouter la terminaison **-de** ou **-ste** au nombre cardinal correspondant. Jusqu'à *dix-neuvième*, la terminaison est **-de**, sauf pour *premier* (**eerste**) et *huitième* (**achtste**). À partir de *vingtième*, la terminaison est **-ste**.

 Notez bien l'orthographe de **eerste** (*premier*) et **derde** (*troisième*) !

1	eerste	[é:rsste]	11	elfde	[èlfde]
2	tweede	[twé:de]	12	twaalfde	[twa:lfde]
3	derde	[dèrde]	13	dertiende	[dèrti:nde]
4	vierde	[v'i:rde]	14	veertiende	[v'é:rti:nde]
5	vijfde	[v'èyfde]	15	vijftiende	[v'èyfti:nde]
6	zesde	[z'èssde]	16	zestiende	[z'èssti:nde]
7	zevende	[z'é:v'ende]	17	zeventiende	[z'é:v'enti:nde]
8	achtste	[àXtsste]	18	achttiende	[àXti:nde]
9	negende	[né:Xende]	19	negentiende	[né:Xenti:nde]
10	tiende	[ti:nde]	20	twintigste	[twìnteXste]

5 Écrivez en toutes lettres les nombres <u>ordinaux</u> que vous trouvez sur votre trajet pour pouvoir sortir de ce labyrinthe.

86	12	55	99	67
93	7	71	301	41
87	8	10	1	7
19	3	66	42	83
21	9	108	96	26

1. ....
2. ....
3. ....
4. ....
5. ....
6. ....
7. ....
8. ....
9. ....

CHAPITRE 7 : DÉCRIRE SA JOURNÉE

6 Complétez les énoncés en donnant le nom correct du jour.

1. De eerste dag van de week is een ....

2. De derde dag van de week is een ....

3. De zesde dag van de week is een ....

4. De tweede dag van de week is een ....

5. De zevende dag van de week is een ....

6. De vierde dag van de week is een ....

7. De vijfde dag van de week is een ....

7 Reliez les énoncés aux bons mois.

1. de eerste maand van het jaar
2. de derde maand van het jaar
3. de twaalfde maand van het jaar
4. de zesde maand van het jaar
5. de tiende maand van het jaar
6. de achtste maand van het jaar

- december
- juni
- augustus
- oktober
- januari
- maart

8 Quels mois manquent dans l'exercice 7 ? Notez-les ci-dessous en néerlandais.

1. ....
2. ....
3. ....
4. ....
5. ....
6. ....

CHAPITRE 7 : DÉCRIRE SA JOURNÉE

La prononciation du « e » atone

Souvenez-vous que le **e** atone se prononce [e] comme dans *retour*. Il se prononce toujours, même en fin de mot : **vijfde** [**v'èyf**de], mais il ne porte jamais l'accent tonique.

 Entourez la bonne prononciation.

	A	B	C
1. negende	[**ne**Xende]	[**né**:Xende]	[**nè**Xende:]
2. zevende	[**z'èv**'ende]	[**z'é**:v'en**de**]	[**z'é**:v'en**de**]
3. derde	[**dri**:de]	[**dèr**de]	[**der**de]
4. twintigste	[**tw**ìn**té**:Xste]	[**tw**ìnteXste]	[**tw**ìntèXste]

Les différents moments de la journée

06h00 – 12h00	**de ochtend / de morgen**	[**òX**tent] [**mòr**Xeⁿ]
12h00 – 18h00	**de middag**	[**mìd**àX]
18h00 – 00h00	**de avond**	[**a:**v'ònt]
00h00 – 06h00	**de nacht**	[nàXt]

- Lorsque l'on veut exprimer un phénomène récurrent – le matin en général ou tous les matins – on ajoute un **'s** avant le mot et on colle un **-s** à la fin du mot.

 L'apostrophe 's ne prend jamais de majuscule et n'est pas collée au mot, mais on le prononce comme si elle l'était.

's ochtends / 's morgens [**ssòX**tentss] [**ssmòr**Xenss] - **'s middags** [**ssmìd**àXss]
's avonds [**ssa:**v'òntss] - **'s nachts** [ssnàXtss]

Banque de mots

vandaag [v'ànda:X] (*aujourd'hui*)
vanochtend / **vanmorgen** (*ce matin*)
vanmiddag (*cette après-midi*)
vanavond (*ce soir*)
vannacht (*cette nuit*)

CHAPITRE 7 : DÉCRIRE SA JOURNÉE

10 Reliez les différents moments de la journée.

1. de ochtend ☐   ☐ a. 16H00
2. de avond ☐   ☐ b. 04H00
3. de middag ☐   ☐ c. 11H00
4. de nacht ☐   ☐ d. 08H00
5. de morgen ☐   ☐ a. 21H00

11 Répondez aux questions, en vous aidant de la traduction fournie.

1. Wat doe je 's ochtends?

→ 's Ochtends (*lis*) .... ik de krant.

2. Wat doet hij vandaag?

→ Vandaag (*marche*) .... hij naar Amsterdam.

3. Wat doen jullie 's avonds?

→ 's Avonds (*regardent*) .... we televisie (*télévision*).

4. Wat doet u vannacht?

→ Vannacht (*travaille*) .... ik.

> 💡 Notez qu'en début de phrase, le mot qui suit l'apostrophe **'s** prend la majuscule.

Banque de mots

drinken [drɪŋkeⁿ] (*boire*)
eten [é:teⁿ] (*manger*)
huilen [Hœyleⁿ] (*pleurer*)
kijken [kèykeⁿ] (*regarder*)
maken [ma:keⁿ] (*faire, fabriquer*)
praten [pra:teⁿ] (*parler*)
rekenen [ré:keneⁿ] (*calculer*)

schrijven [ssXrèyv'eⁿ] (*écrire*)
slapen [ssla:peⁿ] (*dormir*)
spelen [sspé:leⁿ] (*jouer*)
tekenen [té:keneⁿ] (*dessiner*)
zingen [z'ìŋeⁿ] (*chanter*)
zwemmen [z'wèmeⁿ] (*nager*)

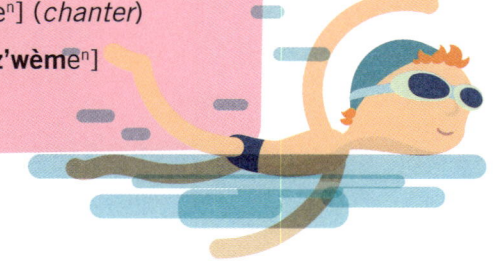

CHAPITRE 7 : DÉCRIRE SA JOURNÉE

 Répondez aux questions, à l'aide des illustrations.

Quelles sont les coordonnées des actions suivantes ?

1. lezen [,] **2.** tekenen [,] **3.** zingen [,] **4.** slapen [,] **5.** eten [,]

Traduisez

6. Zijn ze aan het drinken in [B, 1]? Nee, ze zijn aan het

➜ ....

7. Zijn ze aan het zwemmen in [C, 4]? Nee, ze zijn aan het

➜ ....

8. Zijn ze aan het rekenen in [A, 4]? Nee, ze zijn aan het

➜ ....

9. Zijn ze aan het fietsen in [A, 1]? Nee, ze zijn aan het

➜ ....

 La structure **zijn aan het** + verbe correspond à *être en train de…*

Bravo, vous êtes venu(e) à bout du septième chapitre ! Il est maintenant temps de compter les icônes et de reporter le résultat en page 128 pour l'évaluation finale.

8
S'exprimer au futur

Le futur

- Il n'existe pas de conjugaison au futur en néerlandais. La plupart du temps, il suffit d'employer le verbe au présent et d'ajouter un complément de temps, qui indiquera à quel moment le situer.

- Le verbe **gaan** (*aller*) est aussi fréquemment utilisé pour exprimer le futur. Dans un registre plus modal, on a recours à l'auxiliaire **zullen**. Nous y reviendrons au chapitre **13**.

Banque de mots

morgen [**mòr**Xe^n] (*demain*)

morgenochtend [**mòr**Xen**òX**tent] (*demain matin*)

morgenmiddag [**mòr**Xen**mì**dàX] (*demain après-midi*)

morgenavond [**mòr**Xen**a:**v'ònt] (*demain soir*)

morgennacht [**mòr**Xen**àXt**] (*demain nuit*)

het kantoor [kàn**to:**r] (*le bureau*)

de markt [màrkt] (*le marché*)

thuis [tœyss] (*à la maison*)

het werk [wèrk] (*le travail*)

de film [fìlm] (*le cinéma, le film*)

❶ Reliez les questions aux réponses correspondantes.

1. Wat doe je morgenochtend? ☐   ☐ a. Morgen ben ik niet op kantoor.

2. Werkt hij morgenavond? ☐   ☐ b. Morgenochtend ga ik naar de film.

3. Slaapt hij morgennacht thuis? ☐   ☐ c. Morgenmiddag ga ik naar de markt.

4. Ben je morgen op kantoor? ☐   ☐ d. Nee, hij werkt niet morgenavond.

5. Wat doe je morgenmiddag? ☐   ☐ e. Ja, morgennacht slaapt hij thuis.

CHAPITRE 8 : S'EXPRIMER AU FUTUR

- Souvenez-vous des règles d'orthographe n°❶ et n°❸ : elles s'appliquent à la conjugaison au présent des verbes de type **beginnen** et **moeten**.

moeten [**mou**te^n] (*devoir*)

ik moet	[ìk mout]
je, u moet	[ye, u: mout]
hij, ze, het moet	[Hèy, z'e, mout]
we moeten	[we **mou**te^n]
jullie moeten	[yùli: **mou**te^n]
ze moeten	[z'e **mou**te^n]

beginnen [be**X**ìne^n] (*commencer*)

ik begin	[ìk be**X**ìn]
je, u begin**t**	[ye, u: be**X**ìnt]
hij, ze, het begin**t**	[Hèy, z'e, Hèt be**X**ìnt]
we beginnen	[we be**X**ìne^n]
jullie beginnen	[yùli: be**X**ìne^n]
ze beginnen	[z'e be**X**ìne^n]

❷ Complétez les encadrés en conjuguant les verbes au présent de l'indicatif.

beginnen

ik begin

je ....

u ....

hij, zij, het ....

we beginnen

jullie ....

ze ....

moeten

ik ....

je moet

u ....

hij, zij, het ....

we ....

jullie moeten

ze ....

eten

ik ....

je ....

u ....

hij, zij, het eet

we ....

jullie eten

ze ....

zwemmen

ik ....

je ....

u zwemt

hij, zij, het ....

we ....

jullie ....

ze zwemmen

CHAPITRE 8 : S'EXPRIMER AU FUTUR

Les verbes irréguliers au présent

- Le néerlandais connaît également des verbes irréguliers au présent. Il s'agit de verbes très courants et nous vous conseillons de les apprendre par cœur.

- Le verbe **mogen** est très facile, car il n'a qu'une seule forme au singulier et une au pluriel.

mogen [**mo**:Xe^n] (*pouvoir, avoir la permission*)

ik mag	[ìk màX]
je, u mag	[ye, u: màX]
hij, ze, het mag	[Hèy, z'e, Hèt màX]
we mogen	[we **mo**:Xe^n]
jullie mogen	[**yù**li: **mo**:Xe^n]
ze mogen	[z'e **mo**:Xe^n]

 Notez qu'il n'y a pas de **-t** aux 2e et 3e personnes du singulier.

- Le verbe **kunnen** est également très simple à conjuguer.

kunnen [**kù**ne^n] (*pouvoir, avoir la possibilité ou la capacité*)

ik kan	[ìk kàn]
je, u kan / kun**t**	[ye, u: kàn / kùnt]
hij, ze, het kan	[Hèy, z'e, Hèt kàn]
we kunnen	[we **kù**ne^n]
jullie kunnen	[**yù**li: **kù**ne^n]
ze kunnen	[z'e **kù**ne^n]

 Notez qu'il existe une forme en **-u** utilisée exclusivement à la 2e personne du singulier. N'oubliez pas d'enlever le **-t** lorsque le pronom sujet **je** se trouve derrière le verbe conjugué : **kun je**.

willen [**wì**le^n] (*vouloir*)

ik wil	[ìk wìl]
je, u wil / wil**t**	[ye, u: wìl / wìlt]
hij, ze, het wil	[Hèy, z'e, Hèt wìl]
we willen	[we **wì**le^n]
jullie willen	[**yù**li: **wì**le^n]
ze willen	[z'e **wì**le^n]

 N'oubliez pas d'enlever le **-t** lorsque le pronom sujet **je** se trouve derrière le verbe conjugué : **wil je**.

- Les verbes présentés s'appellent « verbes de modalité ». Nous y reviendrons au chapitre **13**. Pour l'instant, il suffit de retenir que **mogen** exprime une permission et **kunnen** une possibilité ou une capacité :

ik mag blijven :
je peux (*ai la permission de*) *rester*

ik mag fietsen :
je peux (*ai la permission de*) *faire du vélo*

ik kan blijven :
je peux (*ai la possibilité de*) *rester*

ik kan fietsen : *je peux* (*sais*) *faire du vélo*

CHAPITRE 8 : S'EXPRIMER AU FUTUR

3 Remettez les éléments dans l'ordre pour former une phrase cohérente et indiquez si la traduction proposée est correcte ou non : GOED ou FOUT.

1. kunnen / zwemmen / jullie / ?
➜ ....
= *Pouvez-vous (avez-vous la permission de) nager ?* ☐ goed ☐ fout

2. spelen / niet / je / mag / waarom / ?
➜ ....
= *Pourquoi tu ne peux pas (n'as pas la possibilité de) jouer ?* ☐ goed ☐ fout

3. wil / wat / je / ?
➜ ....
= *Que veux-tu ?* ☐ goed ☐ fout

Notez que **alsjeblieft /alstublieft** s'utilise comme forme de politesse lors d'une demande, mais aussi lorsque l'on donne quelque chose.

Banque de mots

alsjeblieft [àlssye**bli:ft**] (*s'il te plaît, tiens, voici*)

alstublieft [àlsstu:**bli:ft**] (*s'il vous plaît, tenez, voici*)

bedankt [be**dànkt**] (*merci*)

dank je (**wel**)* [dànk ye wèl] (*je te remercie*)

dank u (**wel**)* [dànk u: wèl] (*je vous remercie*)

graag [Xra:X] (*volontiers*)

vroeg [v'rouX] (*tôt*)

laat [la:t] (*tard*)

iets [i:tss] (*quelque chose*)

niets [ni:tss] (*rien*)

* **wel** est facultatif.

4 Reliez les deux énoncés afin d'obtenir un ensemble cohérent.

1. Wil je een appel? ☐ ☐ Dank u wel.
2. Willen jullie iets drinken? ☐ ☐ Jullie mogen niet vroeg naar huis.
3. U kunt goed rekenen! ☐ ☐ Nee, we willen niets drinken.
4. Mogen we vroeg naar huis*? ☐ ☐ Ja, ik wil graag een appel.
5. Mag ik een banaan**? ☐ ☐ Alsjeblieft!

*Le verbe **gaan** (*aller*) est sous-entendu. ** Le verbe **hebben** (*avoir*) est sous-entendu.

CHAPITRE 8 : S'EXPRIMER AU FUTUR

5 Complétez les bulles suivantes à l'aide de la traduction fournie.

Wat wil je eten?

....

(*Une orange, s'il te plaît*)

....

(*Tiens*)

Je kan goed tekenen!

....

(*Merci*)

En jij kan goed zingen!

....

(*Je te remercie*)

Banque de mots
Het huis [Hœyss] La maison

de woonkamer [**wo:n**ka:mer] (*le salon*)	de slaapkamer [**ssla:p**ka:mer] (*la chambre*)	de badkamer [**bàt**ka:mer] (*la salle de bains*)	de keuken [**keu**ke^n] (*la cuisine*)	diversen [di:**v'èrss**e^n] (*divers*)
de bank [**bàŋk**] (*le canapé*)	het bed [bèt] (*le lit*)	de douche [douch]* (*la douche*)	de koelkast [**koul**kàsst] (*le réfrigérateur*)	de wc [wé:**ssé:**] (*les toilettes*)
de tafel [**ta:**fel] (*la table*)	de lamp [làmp] (*la lampe*)	de zeep [z'é:p] (*le savon*)	het fornuis [fòr**nœyss**] (*la cuisinière*)	het raam [ra:m] (*la fenêtre*)
de stoel [sstoul] (*la chaise*)	het dekbed [**dèk**bèt] (*la couette*)	het scheerapparaat [ss**Xé:**ra:pa:ra:t] (*le rasoir*)	de oven [**o:**v'e^n] (*le four*)	de deur [deur] (*la porte*)
de klok [klòk] (*l'horloge*)	de klerenkast [**klé:**re^{n}kàsst] (*la penderie, la garde-robe*)	de handdoek [**Hàn**douk] (*la serviette*)	de vaatwasser [**v'a:**twàsser] (*le lave-vaisselle*)	de wasmachine [**wàss**ma:chi:ne] (*le lave-linge*)

* se prononce comme en français

CHAPITRE 8 : S'EXPRIMER AU FUTUR

 Mettez les lettres suivantes dans l'ordre afin de former des mots.

→ .... → .... → .... → .... → ....

 Mettez les mots trouvés de l'exercice précédent dans la bonne colonne.

de woonkamer	de slaapkamer		de keuken	diversen
		de douche		

8 **Regardez les illustrations et indiquez si l'énoncé est WAAR [wa:r] (*vrai*) ou NIET WAAR (*pas vrai*).**

1. De handdoek in de badkamer is groen
   ☐ **waar** ☐ **niet waar**

2. De wasmachine is groot
   ☐ **waar** ☐ **niet waar**

3. De wc in de badkamer is grijs
   ☐ **waar** ☐ **niet waar**

4. Hij ziet een vaatwasser in de woonkamer
   ☐ **waar** ☐ **niet waar**

CHAPITRE 8 : S'EXPRIMER AU FUTUR

9 Associez la bonne étiquette à l'image de droite.

- TAFEL
- FORNUIS
- DEUR
- ZEEP
- KLOK

10 Classez les mots dans le tableau ci-dessous en fonction de la prononciation de leur voyelle.

	prononciation courte	prononciation longue
1. mag		
2. kunt		
3. iets		
4. bed		
5. mogen		
6. wil		
7. tafel		
8. oven		

CHAPITRE 8 : S'EXPRIMER AU FUTUR

11 Placez chaque mot à côté de sa prononciation.

rit (*trajet*) / riet (*roseau*)
maat (*mesure*) / mat (*tapis*)
ven (*mare*) / veen (*tourbe*)
kus (*bisou*) / huur (*loyer*)
boom (*arbre*) / bom (*bombe*)

1
a. [ri:t] → ....
b. [rìt] → ....

2
a. [bòm] → ....
b. [bo:m] → ....

3
a. [ma:t] → ....
b. [màt] → ....

4
a. [v'èn] → ....
b. [v'é:n] → ....

5
a. [kùss] → ....
b. [Hu:r] → ....

12 Trouvez la traduction des mots suivants dans la chaîne de mots ci-dessous.

scheerapparaatwasmachineklerenkastdouchedekbedstoelbank
deurraamlampvaatwasserbadkamertafelwoonkamerslaap
kamerbedlampbankkeukenkoelkastoven

1. couette → .... 2. penderie → .... 3. banquette → ....

Bravo, vous êtes venu(e) à bout du huitième chapitre ! Il est maintenant temps de compter les icônes et de reporter le résultat en page 128 pour l'évaluation finale.

9 Faire des comparaisons

L'adjectif qualitatif (suite)

- L'adjectif épithète se place en règle générale devant le nom et prend toujours un **-e** final, sauf lorsqu'il est suivi d'un <u>nom indéfini</u> du genre neutre (**het**) :

  de kleine jongen → *le petit garçon*

  een kleine jongen → *un petit garçon*

  kleine jongens → *des petits garçons*

  het kleine meisje → *la petite fille*

  een <u>klein</u> meisje → *une petite fille*

  kleine meisjes → *des petites filles*

❶ Indiquez si l'adjectif épithète est bien placé ou non : GOED ou FOUT.

1. Dit is een auto rode. .... ☐ **Goed** ☐ **Fout**

2. Dat is een vervelende jongen. .... ☐ **Goed** ☐ **Fout**

3. Deze citroenen gele zijn duur. .... ☐ **Goed** ☐ **Fout**

4. Die aardige (*sympathique*) man is groot. .... ☐ **Goed** ☐ **Fout**

❷ Traduisez les adjectifs dans les énoncés ci-dessous et ajoutez un <u>-e</u> final si nécessaire.

1. Waarom heb je een (*bleu*) .... klerenkast?

2. Zie je die (*vert*) .... brommer in de tuin?

3. Het (*triste*) .... kind is aan het huilen.

4. In dat huis woont een (*gentil*) .... meisje.

CHAPITRE 9 : FAIRE DES COMPARAISONS

3 Transformez l'adjectif attribut en adjectif épithète comme dans l'exemple. Ajoutez un -e final si nécessaire.

ex. : De kiwi is bruin → een bruine kiwi

1. **De step is lelijk** (*laid*)
→ ....

2. **Het kantoor is groot**
→ ....

3. **De visboer is Nederlands**
→ ....

Banque de mots
Quelques contraires

mooi [mo:y] (*beau*) →	**lelijk** [lé:lek] (*laid*)
oud [aout] (*vieux*) →	**jong** [yòŋ] (*jeune*)
lang [làŋ] (*long*) →	**kort** [kòrt] (*court*)
duur [du:r] (*cher*) →	**goedkoop** [Xout**ko:p**] (*bon marché*)
breed [bré:t] (*large*) →	**smal** [ssmàl] (*étroit*)
lekker [lèker] (*bon*) →	**vies** [v'i:ss] (*mauvais*)
dik [dìk] (*gros*) →	**dun** [dùn] (*mince*)

Le comparatif

- Le comparatif se forme en ajoutant la terminaison **-er** à l'adjectif. Le comparatif des adjectifs finissant par un **-r** se forme avec la terminaison **-der** :

  mooi → mooi**er**   oud → oud**er**   duur → duur**der**   breed → bre**der**
  smal → small**er**   zwaar → zwaar**der** (*plus lourd*)   ver → ver**der** (*plus loin*)

- Après une comparaison de supériorité, on utilise **dan** (*que*) :

  deze kleur is mooier dan die kleur, *cette couleur-ci est plus belle que cette couleur-là*

  dit huis is groter dan dat huis, *cette maison-ci est plus grande que cette maison-là*

CHAPITRE 9 : FAIRE DES COMPARAISONS

4 Reliez les contraires des différents comparatifs.

1. mooier ☐
2. groter ☐
3. LATER ☐
4. lekkerder ☐
5. duurder ☐

☐ a. goedkoper
☐ b. kleiner
☐ c. lelijker
☐ d. vroeger
☐ e. viezer

5 Faites maintenant des comparaisons en utilisant l'adjectif donné et traduisez ensuite les phrases ; n'oubliez pas d'appliquer les règles d'orthographe !

1. Deze kiwi is (**lekker**) .... die kiwi.

→ ....

2. Dit meisje is (**mooi**) .... dat meisje.

→ ....

3. Deze jongens zijn (**dun**) .... die jongens.

→ ....

4. Deze huizen zijn (**goedkoop**) .... die huizen.

→ ....

hoe

- Les questions pour quantifier quelque chose commencent par **hoe** suivi d'un adjectif :

hoe duur? (*quel prix ?*)
hoe groot? (*quelle taille ?*)
hoe laat? (*quelle heure ?*)
hoelang? (*depuis combien de temps ?*)

hoe oud? (*quel âge ?*)
hoe veel? (*combien ?*)
hoe ver? (*à quelle distance ?*)
hoe zwaar? (*de quel poids ?*)

CHAPITRE 9 : FAIRE DES COMPARAISONS

6 **Faites des comparaisons et formulez ensuite des questions pour quantifier, comme dans l'exemple.**

ex. : **a.** Deze aardappel is (*plus grand*) *groter dan die aardappel.*
   b. *Hoe groot is die aardappel?* ?

1. a. Deze vrouw is (*plus vieille*) ....

   b. .... ?

2. a. Deze stad (*ville*) is (*plus loin*) ....

   b. .... ?

3. a. Dit boek is (*plus lourd*) ....

   b. .... ?

Banque de mots

de arm [àrm] (*le bras*)
de buik [bœyk] (*le ventre*)
de hand [Hànt] (*la main*)
het hoofd [Ho:ft] (*la tête*)
de mond [mònt] (*la bouche*)
de neus [neuss] (*le nez*)
het oog [o:X] (*l'œil*)
het oor [o:r] (*l'oreille*)
de rug [rùX] (*le dos*)
de voet [v'out] (*le pied*)
het been [bé:n] (*la jambe*)
het gezicht [Xez'ìXt] (*le visage*)
het lichaam (lìXa:m] (*le corps*)

7 **Choisissez le bon adjectif dans chaque paire proposée pour décrire le personnage ci-contre.**

   1. Eline is oud – jong.
   2. Zij is dik – dun.
   3. Ze heeft groene – blauwe ogen.
   4. Ze heeft een kleine – grote neus en kleine – grote oren.
   5. Haar benen zijn kort – lang.
   6. Zij heeft een rode – roze mond.

CHAPITRE 9 : FAIRE DES COMPARAISONS

8 Entourez l'énoncé qui correspond à l'illustration.

1. een dikke buik / een dunne buik
2. een witte rug / een bruine rug
3. een grote voet / een kleine voet
4. een korte arm / een lange arm

9 Traduisez les phrases suivantes.

1. Zijn voeten zijn groter dan haar voeten.
→ ....

2. Haar kleinzoon heeft bruine ogen en haar kleindochter heeft groene ogen.
→ ....

3. Mijn rug en mijn buik zijn wit.
→ ....

4. Zijn gezicht is lelijker dan jouw gezicht.
→ ....

5. Jullie neuzen zijn roder dan onze neuzen.
→ ....

Les quantités et les mesures

Les unités de mesure et les monnaies sont invariables quand elles sont précédées d'un nombre ou de l'interrogatif **hoeveel?** (comme on vient de le voir, cet interrogatif peut aussi s'écrire en deux mots) :

de centimeter [ssènti:mé:ter] (*centimètre*)	→ twee centimeter	→ hoeveel centimeter?
de kilometer [ki:lo:mé:ter] (*kilomètre*)	→ twee kilometer	→ hoeveel kilometer?
de euro [euro:] (*euro*)	→ twee euro	→ hoeveel euro?
de cent [ssènt] (*centime*)	→ twee cent	→ hoeveel cent?
het uur [u:r] (*heure*)	→ twee uur	→ hoeveel uur?
het jaar [ya:r] (*an*)	→ twee jaar	→ hoeveel jaar?

CHAPITRE 9 : FAIRE DES COMPARAISONS

10 Répondez aux questions, en utilisant les données entre parenthèses.

1. Hoe lang woon je in Frankrijk? (*16 ans*)
→ ....

2. Hoeveel kost die brommer? (*150 euros*)
→ ....

3. Hoe zwaar wegen (*peser*) de bananen? (*3 kilos*)
→ ....

4. Hoe groot ben je? (*180 centimètres*)
→ ....

5. Hoe oud ben je? (*28 ans*)
→ ....

11 Donnez la prononciation des mots ci-dessous et entraînez-vous à prononcer bien distinctement les différentes diphtongues.

1. oud   [................]   /   huis   [................]

2. buik   [................]   /   auto   [................]

3. huilen   [................]   /   bruin   [................]

4. ouder   [................]   /   vrouw   [................]

Bravo, vous êtes venu(e) à bout du neuvième chapitre ! Il est maintenant temps de compter les icônes et de reporter le résultat en page 128 pour l'évaluation finale.

Demander son chemin

L'impératif

- Pour former l'impératif, il suffit d'enlever la terminaison **-en** de l'infinitif. La forme la plus utilisée est celle de la 2e personne du singulier :

  fietsen → **fiets!** (*fais du vélo !*)

  gaan → **ga!** (*va !*)

  lopen → **loop!** (*marche !*)

  rennen → **ren!** (*cours !*)

- Pour former l'impératif de la 2e personne de politesse, ajoutez la terminaison **-t** et le pronom **u** :

  fietst u! (*faites du vélo !*)

  gaat u! (*allez !*)

  loopt u! (*marchez !*)

  rent u! (*courez !*)

- On peut aussi rencontrer la 2e personne du pluriel avec le pronom **jullie** et le verbe au pluriel :

  fietsen jullie! (*faites du vélo !*)

  gaan jullie! (*allez !*)

  lopen jullie! (*marchez !*)

  rennen jullie! (*courez !*)

- Le Néerlandais n'aime pas que l'impératif sonne trop comme un ordre et il a tendance à l'adoucir par un adverbe, par exemple **maar**, que l'on pourrait traduire par *alors* :

  Kom maar hier! *Viens ici alors !*

  Ga maar! *Va alors !*

  Vraag de weg maar! *Demande ton chemin alors !*

- Le verbe **komen** a la particularité d'avoir un son long à l'infinitif et au pluriel, et un son court au singulier :

ik kom	[ìk kòm]
je, u komt	[ye, u: kòmt]
hij, ze, het komt	[Hèy, z'e, Hèt kòmt]
we komen	[we **ko**:me^n]
jullie komen	[yùli: **ko**:me^n]
ze komen	[z'e **ko**:me^n]

CHAPITRE 10 : DEMANDER SON CHEMIN

1 Entourez la bonne prononciation.

1. komt u! [kòmt u:] [ko:m u:] [**kòm**me u:]
2. komen jullie! [**kòm**eⁿ **yùl**i:] [**ko:**meⁿ **yùl**i:] [**ko:**mt **yùl**i:]
3. kom! [ko:m] [kòmt] [kòm]

2 Complétez le tableau en utilisant les différentes formes de l'impératif.

2ᵉ personne du singulier	2ᵉ personne de politesse	2ᵉ personne du pluriel
Stop! *Arrête !*		
	Begint u maar! *Commencez alors !*	
		Vertrekken jullie maar! *Partez alors !*
Eet maar! *Mange alors !*		

Les verbes à particule

En néerlandais, certains verbes sont composés d'une particule associée à un infinitif. La particule se détache de celui-ci lors de la conjugaison au présent de l'indicatif ou à l'impératif et se place à la fin de la phrase :

weggaan [**wèX**a:n] (*partir*) → **Je gaat weg** → **Ga weg!**

thuisblijven [**tœyss**blèyv'eⁿ] (*rester à la maison*) → **Je blijft thuis** → **Blijf thuis!**

💡 Remarquez que la particule porte l'accent tonique.

CHAPITRE 10 : DEMANDER SON CHEMIN

3 Cochez les phrases où la particule se trouve au bon endroit.

1. a. ☐ Gaan ze weg of blijven ze thuis?
   b. ☐ Weggaan ze of thuisblijven ze?

2. a. ☐ Wegga maar!
   b. ☐ Ga maar weg!

3. a. ☐ Blijven jullie thuis? Nee, we gaan weg.
   b. ☐ Thuisblijven jullie? Nee, we weggaan.

Les prépositions fixes

- Ne confondez pas les particules avec les prépositions. Ces dernières sont invariables et permettent de réunir deux mots, en précisant le lieu, le moyen, la manière, etc.
- Vous avez déjà rencontré plusieurs prépositions, comme **naar**, *à*, ou **met**, *avec*.
- Les prépositions forment souvent un ensemble avec le verbe, et dans ce cas, on les appelle « prépositions fixes », car elles accompagnent systématiquement le verbe et lui donnent son sens :

gaan naar (*aller à, vers*)
komen uit (*venir de*)
kijken naar (*regarder*)
vragen aan (*demander à*)

wachten op (*attendre*)
zeggen tegen (*dire à*)

Remarquez qu'en français, la préposition n'est pas toujours présente.

4 Reliez le verbe avec sa préposition fixe.

1. komen   2. kijken   3. wachten   4. gaan

a. naar   b. uit   c. naar   d. op

CHAPITRE 10 : DEMANDER SON CHEMIN

5 Traduisez les phrases suivantes.

1. Wij komen uit Engeland en zij komen uit Frankrijk.
→ ....

2. Haar man wacht op de postbode.
→ ....

3. Kijk maar naar de klok!
→ ....

4. Vragen jullie het maar aan de boekhouder!
→ ....

5. Gaat de arts naar de film?
→ ....

Demander où l'on est, où l'on va et d'où l'on vient

- Il est important de bien faire la distinction entre le lieu où l'on est, le lieu d'où l'on vient et le lieu où l'on va. Par rapport à ces trois distinctions, on utilise trois différents interrogatifs en néerlandais :
  - **waar** (*où*) pose la question du lieu où l'on est ;
  - **waar… vandaan** (*d'où*) pose la question du lieu d'où l'on vient ;
  - **waar… heen** / **waar… naartoe** (*où* + direction) pose la question du lieu où l'on va.

- La plupart du temps, le second élément de l'interrogatif est séparé du premier et se place presque toujours à la fin de la phrase :

  Waar kom je vandaan? *D'où viens-tu ?*

  Waar ga je heen? *Où vas-tu ?*

CHAPITRE 10 : DEMANDER SON CHEMIN

6 Complétez les bulles suivantes pour demander d'où l'on vient et où l'on va.

Hoi.
W ....?
Ik kom uit Amsterdam.
En jij? W ....?
Ik kom uit Parijs.

Hallo.
W ....?
Ik ga naar de slager.
En jij? W ....?
Ik ga naar de bakker.
Doeg !

Banque de mots

links [lìŋkss] (*gauche*)

linksaf [lìŋkssàf] (*vers la gauche*)

rechtdoor [rèXt**do:**r] (*tout droit*)

rechts [rèXtss] (*droite*)

rechtsaf [rèXtssàf] (*vers la droite*)

de bioscoop [bi:òss**ko:p**] (*le cinéma*)

de kerk [kèrk] (*l'église*)

de markt [màrkt] (*le marché*)

het station (ssta:**yòn**) (*la gare*)

de straat [sstra:t] (*la rue*)

bij [bèy] (*à, au, près de*)

daar [da:r] (*là-bas*)

dan [dàn] (*puis*)

hier [Hi:r] (*ici*)

nemen [**né:**me^n] (*prendre*)

tot [tòt] (*jusqu'à*)

weten [**wé:**te^n] (*savoir*)

zoeken [**z'ou**ke^n] (*chercher*)

 Notez qu'au lieu de **rechtsaf** / **linksaf**, on peut également dire **naar rechts** / **naar links**.

de weg vragen (*demander son chemin*)

Sorry. (*Pardon.*)

Ik zoek het station. (*Je cherche la gare.*)

Weet je waar het station is? (*Sais-tu où se trouve la gare ?*)

Ja, je gaat hier rechtdoor, en dan rechtsaf. (*Oui, tu vas tout droit ici, et puis à droite.*)

Je neemt de eerste straat rechts en bij de kerk ga je naar links. (*Tu prends la première rue à droite et à l'église tu vas à gauche.*)

CHAPITRE 10 : DEMANDER SON CHEMIN

7 Tracez votre chemin pour trouver la maison de Hans.

Begin bij de kerk. Ga dan rechtdoor, tot je bij de markt komt.

Daar ga je rechtsaf, tot het station.

Bij het station ga je rechtdoor tot je bij de bioscoop komt.

Dan neem je de eerste straat links. Daar is het huis van Hans.

Bravo, vous êtes venu(e) à bout du dixième chapitre ! Il est maintenant temps de compter les icônes et de reporter le résultat en page 128 pour l'évaluation finale.

11 Exprimer la possession

L'adjectif possessif (formes non accentuées)

Vous avez déjà vu dans le chapitre **5** la forme accentuée de l'adjectif possessif (une forme pleine). Nous vous présentons ici la forme non accentuée : une forme contractée. Dans cette forme, l'élision des lettres est marquée à l'écrit par une apostrophe et prononcée avec un **e** atone.

mon, ma, mes	ton, ta, tes	votre, vos	son, sa, ses (à lui)	son, sa, ses (à elle)	notre, nos	votre, vos	leur, leurs
m'n	je	uw*	z'n	d'r	ons / onze	jullie**	hun
[men]	[ye]	[u:]	[z'en]	[der]	[ònss] [ònz'e]	[yùli:]	[Hùn]

* forme de politesse   ** possesseurs pluriels tutoiement

 Rappelez-vous qu'en néerlandais, les adjectifs possessifs se réfèrent aux possesseurs. Notez bien la forme contractée de **haar : d'r**

Banque de mots

de bloes [blouss] (*le chemisier*)
de bril [brìl] (*les lunettes*)
de jas [yàss] (*le manteau*)
de jurk [yùrk] (*la robe*)
de kleren [klé:ren] (*les vêtements*)
de kous [kaouss] (*le bas*)
de (lange) broek [làŋe brouk] (*le pantalon*)
de rok [ròk] (*la jupe*)
de schoen [ssXoun] (*la chaussure*)
de short [chòrt] (*le short*)
de sok [ssòk] (*la chaussette*)
de stropdas [sstròpdàss] (*la cravate*)
de trui [trœy] (*le pull*)
dragen [dra:Xen] (*porter*)
het overhemd [o:v'erHèmt] (*la chemise*)
het pak [pàk] (*le costume*)
het pakje [pàkye] (*le tailleur*)
het T-shirt [ti:chùrt] (*le t-shirt*)
het vest [v'èsst] (*le gilet*)
passen bij [pàssen bèy] (*aller avec*)

CHAPITRE 11 : EXPRIMER LA POSSESSION

 Donnez la forme accentuée ou non accentuée des phrases suivantes.

Forme accentuée	Forme non accentuée
Waar is mijn vest?	
	Hij draagt z'n blauwe overhemd.
Zij ziet haar rode trui niet.	
	Waar is je lange broek?

 Traduisez les phrases suivantes en donnant les formes accentuées et non accentuées

1. La fille porte son tailleur jaune et son chemisier blanc.
→ ....
→ ....

2. Combien coûtent tes chaussures ?
→ ....
→ ....

3. Ses chaussettes (à lui) vont avec son pantalon (à lui).
→ ....
→ ....

4. Elle cherche son pull (à elle) et nous cherchons notre manteau.
→ ....
→ ....

5. Ma cravate vient d'Italie et mon short des Pays-Bas.
→ ....
→ ....

6. La couleur de vos jupes (tutoiement) va avec la couleur de leurs robes.
→ ....
→ ....

CHAPITRE 11 : EXPRIMER LA POSSESSION

Le pronom possessif

le mien, la mienne, les mien(ne)s	le tien, la tienne, les tien(ne)s	le, la, les vôtre(s)	le sien, la sienne, les sien(ne)s (à lui)	le sien, la sienne, les sien(ne)s (à elle)	le, la, les nôtre(s)	le, la, les leur(s)
de / het mijne	de / het jouwe	de / het uwe	de / het zijne	de / het hare	de / het onze	de / het hunne
[**mèy**ne]	[**yaou**we]	[**u:**we]	[**z'èy**ne]	[**Ha:**re]	[**ònz'**e]	[**Hùn**ne]

- Notez la forme inexistante pour : *le, la, les vôtres*.
- L'appartenance peut également s'exprimer à l'aide de la construction **die / dat van**, suivie de la forme accentuée du pronom personnel objet.

Les pronoms personnels objets accentués

me, moi	te, toi	vous	le, la, lui (masculin et genre commun)	le, la, lui (féminin)	le, la, lui (genre neutre)	nous	vous	les, eux, leur
mij	jou	u	hem	haar	het	ons	jullie	hen / hun
[**mèy**]	[**yaou**]	[**u:**]	[**Hèm**]	[**Ha:r**]	[**Hèt**]	[**ònss**]	[**yùli:**]	[**Hèn**] [**Hùn**]

- Il convient d'utiliser l'article **de** pour un nom du genre commun ou le pluriel et l'article **het** pour un nom du genre neutre :

de jas → de mijne / die van mij

de jassen → de mijne / die van mij
het pak → het mijne / dat van mij
de pakken → de mijne / die van mij

3 Reliez les pronoms possessifs à la construction adéquate indiquant l'appartenance.

1. de / het mijne ⬜   ⬜ a. die / dat van hen / hun
2. de / het jouwe ⬜   ⬜ b. die / dat van hem
3. de / het uwe ⬜   ⬜ c. die / dat van haar
4. de / het zijne ⬜   ⬜ d. die / dat van ons
5. de / het hare ⬜   ⬜ e. die / dat van u
6. de / het onze ⬜   ⬜ f. die / dat van jou
7. de / het hunne ⬜   ⬜ g. die / dat van mij

CHAPITRE 11 : EXPRIMER LA POSSESSION

4 Répondez aux questions suivantes, comme dans l'exemple.
ex. : Waar is het overhemd? ➜ Dat van mij? (à moi) ➜ Nee, dat van jou! (à toi)

1. *Waar is de bril?*

➜ .... (à lui)

➜ .... (à elle)

3. *Waar zijn de vesten?*

➜ .... (à vous, singulier)

➜ .... (à toi)

2. *Waar zijn de sokken?*

➜ .... (à vous, pluriel)

➜ .... (à nous)

5 Selon la règle ci-dessus, cochez l'énoncé où le bon article est utilisé.

1. **huis** a. ☐ die van Sofia b. ☐ dat van Sofia
2. **zoon** a. ☐ die van Hans b. ☐ dat van Hans
3. **dekbed** a. ☐ die van Peter b. ☐ dat van Peter
4. **kleinkind** a. ☐ die van Marieke en mij b. ☐ dat van Marieke en mij
5. **stoelen** a. ☐ die van Karin en Bob b. ☐ dat van Karin en Bob

6 Transformez les énoncés trouvés dans l'exercice 5 en utilisant l'adjectif possessif adéquat.

1. .... **huis**
2. .... **zoon**
3. .... **dekbed**
4. .... **kleinkind**
5. .... **stoelen**

CHAPITRE 11 : EXPRIMER LA POSSESSION

7 Entourez la bonne prononciation.

1. u   [u:]   [ù]   [ou]
2. uw   [ùou]   [a:ou]   [u:ou]
3. uwe   [u:ou]   [**u:**we] [**ù**we]

8 Placez les prononciations suivantes à côté des mots qui leur correspondent.

[**ònz**'e]   [**mèy**ne]   [men]   [**Hùn**ne]   [z'en]   [der]

[**òn**ss]   [**yaou**we]   [z'**èy**ne]   [**Hùn**]

1. zijne ....
2. d'r ....
3. onze ....
4. jouwe ....
5. hun ....
6. m'n ....
7. z'n ....
8. hunne ....
9. mijne ....
10. ons ....

9 Demandez ce que la personne porte et répondez à la question.

1. Wat .... je?

2. .... blauwe .... trui en een ....

CHAPITRE 11 : EXPRIMER LA POSSESSION

• L'expression **eruit zien** [èrœyt z'i:n] correspond à *avoir l'air* :
Hoe ziet hij eruit? Hij ziet er geweldig (*formidable*) **uit!**
Hoe ziet ze eruit? Ze ziet er prachtig (*splendide*) **uit!**

10 Reliez la description à la bonne image.

1. **Ze ziet er goed uit.
Ze draagt een grote bril,
een T-shirt en een short.**

3. **Ze ziet er prachtig uit. Ze
draagt een T-shirt en een
short, maar geen bril.**

2. **Hij ziet er geweldig uit.
Hij draagt een zwart pak,
een grijs overhemd en
een rode stropdas.**

4. **Hij ziet er mooi uit.
Hij draagt een zwart pak,
een grijs overhemd maar
geen stropdas.**

a. ☐   b. ☐   c. ☐   d. ☐

Bravo, vous êtes venu(e) à bout du onzième chapitre ! Il est maintenant temps de compter les icônes et de reporter le résultat en page 128 pour l'évaluation finale.

Parler de ses goûts et préférences

Exprimer ses goûts et préférences

- On peut facilement exprimer ses goûts et préférences à l'aide des adverbes suivants :

    graag [Xra:X], *volontiers*

    liever [li:v'er], *de préférence*

    het liefst [Hèt li:fsst], *par-dessus tout*

- Ces adverbes se placent après le verbe conjugué et expriment trois degrés croissants de préférences :

    Hij eet graag brood [bro:t],
    Il aime manger du pain

    Hij eet liever krentenbollen [krènte^{n}bòle^n],
    Il préfère manger des pains aux raisins

    Hij eet het liefst kruidkoek [krœytkouk],
    Il préfère par-dessus tout manger du pain d'épice

- On les emploie avec toutes sortes de verbes pour indiquer la préférence :

    Hij drinkt graag bier [bi:r], **maar hij drinkt liever wijn** [wèyn], *Il aime boire de la bière, mais il préfère boire du vin*

    Ik ga graag naar de bioscoop, maar ik ga het liefst naar de markt, *J'aime bien aller au cinéma, mais j'aime par-dessus tout aller au marché*

    Ze willen graag een hond, maar ze willen liever een kat, *Ils veulent bien avoir un chien, mais ils préfèrent avoir un chat*

- Pour exprimer ses goûts, on peut aussi utiliser les termes suivants :

    houden van [Haoude^n v'àn], *aimer*

    lusten [lùsste^n], *trouver bon, aimer*

    dol / gek zijn op [dòl / Xèk z'èyn òp], *raffoler de, être fou de*

    zin / trek hebben in [z'ìn / trèk Hèbe^n ìn], *avoir envie de*

    haten [Ha:te^n], *détester*

    lekker / heerlijk / vies / afschuwelijk vinden [lèker / Hé:rlek / v'i:ss / àfssXu:welek v'ìnde^n], *trouver bon / délicieux / mauvais / affreux*

    lekker / heerlijk / vies / afschuwelijk smaken [ssma:ke^n], *avoir bon goût / être délicieux / être mauvais / avoir un goût affreux*

    Hij vindt de koffie [kòfi:] **lekker, maar hij vindt de the** [té:] **vies**, *Il trouve le café bon, mais il trouve le thé mauvais*

    Zij houdt van vis, maar zij lust geen vlees, *Elle aime le poisson, mais elle n'aime pas (ne pas trouver bon) la viande*

    Wij hebben zin in een krentenbol, *Nous avons envie d'un pain aux raisins*

CHAPITRE 12 : PARLER DE SES GOÛTS ET PRÉFÉRENCES

1 Reliez les verbes à leur contraire.

1. lekker vinden ☐   ☐ a. vies smaken
2. zin hebben in ☐   ☐ b. houden van
3. haten ☐   ☐ c. afschuwelijk vinden
4. lekker smaken ☐   ☐ d. vies vinden
5. heerlijk vinden ☐   ☐ e. geen trek hebben in

2 Trouvez l'intrus dans les propositions ci-dessous.

1. houden van / haten / lekker smaken / lusten

2. graag / het liefst / lekker / liever

3. heerlijk / niet lekker / vies / afschuwelijk

4. zin hebben in / trek hebben in / gek zijn op

Banque de mots

bitter [bìter] (*amer*)
flauw [flaou] (*fade*)
pittig [pìteX] (*relevé*)
zoet [z'out] (*sucré*)
zout [z'aout] (*salé*)
zuur [z'u:r] (*acide*)
de smaak [ssma:k] (*le goût*)
te [te] (*trop*)

zonder [z'ònder] (*sans*)
de appeltaart [àpelta:rt] (*la tartelette aux pommes*)
de boerenkool [boureⁿko:l] (*le chou frisé*)
de boterham [bo:terHàm] (*la tartine*)
de drop [dròp] (*la réglisse*)
de groente [Xrounte] (*le légume*)

de hagelslag [Ha:XelsslàX] (*les vermicelles en chocolat*)
de haring [Ha:rìŋ] (*le hareng*)
het ijs [èyss] (*la glace*)
de kroket [kro:kèt] (*la croquette*)
het vlees [v'lé:ss] (*la viande*)
de vleeswaren [v'lé:sswa:ren] (*la charcuterie*)
de worst [wòrsst] (*la saucisse*)

CHAPITRE 12 : PARLER DE SES GOÛTS ET PRÉFÉRENCES

3 Rédigez les phrases qui correspondent aux cases marquées de ce tableau selon l'exemple.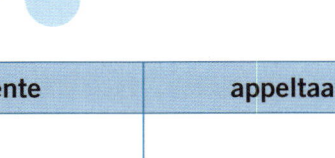

	vlees	groente	appeltaart
ik	👍		
jij			👍👍👍
hij		👍👍	
wij		👎	
jullie	👎		
zij (*pluriel*)			👎👎

1. Ik eet graag vlees.

2. ....

3. ....

4. ....

5. ....

6. ....

CHAPITRE 12 : PARLER DE SES GOÛTS ET PRÉFÉRENCES

4 Mettez les mots suivants dans le bon ordre.

1. houden van - ijs - zij - maar - haten - drop - zij
→ ....

2. vind – of – de worst – je – pittig – flauw – ?
→ ....

3. boterham – lust – graag – op – zij – een kroket – haar
→ ....

4. deze - smaken - op - heerlijk - brood - vleeswaren
→ ....

5. liever - wil - drop - je - of - ijs - ?
→ ....

Les diminutifs

- On utilise beaucoup les diminutifs en néerlandais, pour indiquer la petite taille d'un objet, exprimer une affinité, ou encore pour minimiser les choses. Pour en former, il suffit la plupart du temps d'ajouter la terminaison **-je** au nom. L'article défini de tous les diminutifs au singulier est **het**. Lorsqu'il est précédé de **klein**, l'idée de petitesse est encore renforcée.

    Hij eet graag een stukje [sstùkye] **kaas** [ka:ss], *Il aime manger un morceau de fromage.*

    Wil je een glaasje [Xla:ssye] **wijn?**, *Veux-tu un verre de vin ?*

    Nee, ik heb liever een kopje [kòpye] **koffie**, *Non, je préfère une tasse de café.*

    Waar is dat kleine groene doosje [do:ssye]? *Où est cette petite boîte verte ?*

    Hoelang duurt [du:rt] **de film? Oh, een uurtje***, *Combien de temps durera le film ? Oh, une petite heure.*

- Le diminutif sert aussi à quantifier certains noms de matière :

    bier (*de la bière*) → **een biertje*** (*une bière*) → **het biertje**
    ijs (*de la glace*) → **een ijsje** (*une glace*) → **het ijsje**
    drop (*de la réglisse*) → **een dropje** (*une réglisse*) → **het dropje**

    * Il existe aussi une forme en **-tje**.

CHAPITRE 12 : PARLER DE SES GOÛTS ET PRÉFÉRENCES

5 Indiquez le diminutif précédé de l'article défini pour les noms suivants.

1. de voet → ....

2. de mond → ....

3. de hond → ....

4. de lamp → ....

5. de zus → ....

6. de wijn → ....

7. het woord → ....

8. het kind → ....

6 Traduisez les énoncés ci-dessous.

1. Zij houden van boerenkool met worst.

→ ....

2. Ik vind het vlees niet lekker. Het is te zout.

→ ....

3. Dat meisje lust geen kroket maar ze is gek op haring.

→ ....

4. Willen jullie een biertje of hebben jullie liever een glaasje wijn?

→ ....

7 Entourez la bonne prononciation des mots ci-dessous.

	A	B	C
1. wijn	[wèyn]	[wi:n]	[wœyn]
2. meisje	[mœyche]	[mèyche]	[mé:che]
3. klein	[klé:en]	[klèyn]	[kla:yn]
4. mijne	[mèyne]	[meune]	[maoune]

CHAPITRE 12 : PARLER DE SES GOÛTS ET PRÉFÉRENCES

 8 Indiquez dans le tableau ci-dessous vos préférences à vous ; faites à chaque fois une phrase, en utilisant le plus de structures différentes possible.

	🙂	☹️
boerenkool	1.	1. ....
zoute worst	2.	2. ....
vlees	3.	3. ....
kroket	4.	4. ....
zure haring	5.	5. ....
zoet	6.	6. ....
bitter	7.	7. ....

9 Placez chaque mot à côté de sa prononciation et entraînez-vous à prononcer bien distinctement la voyelle longue [i:] et la voyelle brève [ì].

RIT - RIET - MIN - TIEN - ZIEN - ZIN - IK - VIER - KILO - NICHT

1. [z'ìn] → ....
2. [ri:t] → ....
3. [ti:n] → ....
4. [ìk] → ....
5. [rìt] → ....
6. [**ki:**lo:] → ....
7. [mìn] → ....
8. [z'i:n] → ....
9. [v'i:r] → ....
10. [nìXt] → ....

Bravo, vous êtes venu(e) à bout du douzième chapitre ! Il est maintenant temps de compter les icônes et de reporter le résultat en page 128 pour l'évaluation finale.

Faire des propositions

« Zullen » et « laten »

Les verbes **zullen** et **laten** sont fréquemment utilisés en néerlandais pour faire des propositions.

- **Zullen** est un verbe irrégulier au présent, utilisé comme un auxiliaire :

zullen [z'ùle^n]

ik zal	[ìk z'àl]
je, u zal / zult	[ye, u: z'àl / z'ùlt]
hij, ze, het zal	[Hèy, z'e, Hèt z'àl]
we zullen	[we z'ùle^n]
jullie zullen	[**yù**li: z'ùle^n]
ze zullen	[z'e z'ùle^n]

- **Laten** est un verbe régulier au présent :

laten [**la:**te^n] (*laisser*)

ik laat	[ìk la:t]
je, u laat	[ye, u: la:t]
hij, ze, het laat	[Hèy, z'e, Hèt la:t]
we laten	[we **la:**te^n]
jullie laten	[**yù**li: **la:**te^n]
ze laten	[z'e **la:**te^n]

 Notez qu'il existe une forme en **-u** utilisée exclusivement à la 2e personne du singulier.

- Une proposition contenant le verbe **zullen** est forcément une phrase interrogative, et se construit uniquement avec les pronoms **ik** et **we / wij**. La plupart du temps, cette structure se traduit en français par *et si je / nous …*

Zullen we naar de bioscoop gaan? *Et si nous allions au cinéma ?*

Zal ik koffie maken? *Et si je faisais un café ?*

- Une proposition faite avec le verbe **laten** prend la forme d'un impératif et s'utilise avec le pronom **we**.

Laten we naar het restaurant [rèstaou-rant] **gaan!** *Allons au restaurant !*

Laten we gaan eten! *Allons manger !*

- Une autre structure pour faire des propositions se construit avec **zin hebben om te**.

zin hebben om + **te** + verbe à l'infinitif :
avoir envie de + verbe à l'infinitif

Hebben jullie zin om naar het restaurant te gaan? *Avez-vous envie d'aller au restaurant ?*

Heb je zin om vanavond naar de bioscoop te gaan? *As-tu envie d'aller au cinéma ce soir ?*

Ik heb zin om een glaasje wijn te drinken. Jullie ook? *J'ai envie de boire un verre de vin. Vous aussi ?*

 Notez que l'infinitif se place à la fin de la phrase.

CHAPITRE 13 : FAIRE DES PROPOSITIONS

 Complétez le tableau en conjuguant les verbes au présent de l'indicatif.

	laten	zullen
ik	laat	
je		
u		
hij, zij, het		zal
we		zullen
jullie		
ze	laten	

 Faites à chaque fois trois propositions différentes en néerlandais en utilisant les mots fournis.

1. **boodschappen doen** (*faire des courses*) / **morgen**

a. .... ?

b. .... ?

c. .... ?

2. **koffie en thee maken** (*faire du café et du thé*)

a. .... ?

b. .... ?

c. .... ?

CHAPITRE 13 : FAIRE DES PROPOSITIONS

- Vous pouvez répondre aux différentes propositions à l'aide des structures suivantes :

  Dat is een goed idee, *C'est une bonne idée*

  Ja, laten we dat doen!, *Oui, faisons cela !*

  Nee, ik heb geen zin om naar de bioscoop te gaan,
  Non, je n'ai pas envie d'aller au cinéma

  Nee, dat hoeft niet, *Non, ce n'est pas la peine*

- Souvenez-vous de la règle d'orthographe n°**3**, qui s'applique à la conjugaison au présent des verbes de type **hoeven** :

  hoeven [**Hou**v'e^n] (*être nécessaire, avoir besoin de*)

ik hoef	[ìk Houf]
je, u hoeft	[ye, u: Houft]
hij, ze, het hoeft	[Hèy, z'e, Hèt Houft]
we hoeven	[we **Hou**v'e^n]
jullie hoeven	[yùli: **Hou**v'e^n]
ze hoeven	[z'e **Hou**v'e^n]

❸ **Complétez les bulles ci-dessous pour faire des propositions et y répondre.**

Z......... ....
    markt gaan?
Dat .... goed ....

L.............. ....
de kapper .... !
Nee, ik .... zin ....
    .... te ....

Z... ...... koffie .... ?
Nee, dat ....

CHAPITRE 13 : FAIRE DES PROPOSITIONS

Banque de mots

de bloem [bloum] (*la fleur*)

de bloembol [bloum bòl] (*le bulbe*)

de bos bloemen [bòss blou meⁿ] (*le bouquet de fleurs*)

de narcis [nàrssìss] (*la jonquille*)

de orchidee [òrXi:dé:] (*l'orchidée*)

de pioenroos [pi:younro:ss] (*la pivoine*)

de roos [ro:ss] (*la rose*)

de tulp [tùlp] (*la tulipe*)

het tulpenveld [tùlpeⁿv'èlt] (*le champ de tulipes*)

de boom [bo:m] (*l'arbre*)

de berk [bèrk] (*le bouleau*)

de beuk [beuk] (*le hêtre*)

de eik [èyk] (*le chêne*)

de kersenboom [kèrsseⁿbo:m] (*le cerisier*)

de treurwilg [treurwìlX] (*le saule pleureur*)

4 Trouvez l'intrus dans les propositions ci-dessous.

1. pioenroos / treurwilg / kersenboom / berk / beuk
2. bes / banaan / appel / braam / artisjok / mandarijn
3. narcis / tulp / eik / orchidee / roos / pioenroos
4. peer / aardappel / boerenkool / sperzieboon / wortel

5 Retrouvez dans ces mots mélangés le nom de trois fleurs, trois arbres et trois fruits ; les mots se trouvent horizontalement, verticalement ou en diagonale.

S	A	B	H	U	S	T	V	M	J	W
E	I	K	I	X	Y	Z	K	P	Q	N
C	D	N	S	Z	R	T	Y	A	P	S
E	L	F	A	C	O	D	E	O	I	J
G	I	G	W	A	O	B	U	C	K	Q
O	R	A	V	C	S	V	R	W	B	D
R	K	S	B	H	E	A	G	K	H	I
M	E	L	O	E	N	L	P	N	O	Z
T	R	N	U	A	U	M	R	P	S	T
G	S	D	B	E	R	K	F	M	E	U
K	L	Y	E	R	X	B	P	E	J	L
F	N	Z	U	C	A	J	X	K	C	P
O	Q	D	K	G	D	H	I	J	L	M

CHAPITRE 13 : FAIRE DES PROPOSITIONS

6 Mettez tous les éléments de la phrase au pluriel, en faisant attention à la conjugaison et à l'article.

1. *In het tulpenveld zie ik een rode, groene en paarse kleur.*

....

2. *Heb je zin om een banaan en een mandarijn te eten?*

....

3. *Zal ik een boodschap doen?*

....

7 Reliez les questions aux réponses correspondantes.

1. Zal ik een broodje maken?   a. Ja, we hebben dorst. [dòrsst] (*soif*)
2. Zullen we naar de markt gaan?   b. Graag! Ik ben dol op bloemen!
3. Hebben jullie zin in een biertje?   c. Ja, dat is een goed idee.
4. Heb je zin om te blijven?   d. Ja, laten we naar de markt gaan!
5. Wil je een bos bloemen?   e. Nee, ik wil weggaan.

8 Indiquez si l'ordre des mots est correct ou non : GOED ou FOUT.
Si l'ordre n'est pas correct, récrivez les mots dans le bon ordre en dessous.

1. Zal ik geven een bos tulpen of een bos rozen? ☐ Goed ☐ Fout
....?

2. Heb je zin om een kopje koffie te drinken? ☐ Goed ☐ Fout
....?

3. Laten we kopen [**ko:**peⁿ] (*acheter*) vlees en vis! ☐ Goed ☐ Fout
....!

Bravo, vous êtes venu(e) à bout du treizième chapitre ! Il est maintenant temps de compter les icônes et de reporter le résultat en page 128 pour l'évaluation finale.

Demander l'heure et parler de la météo

L'heure

- Pour demander l'heure, utilisez la structure suivante :

Hoe laat is het? *Quelle heure est-il ?*
(littéralement : *Combien tard est-il ?*)

Et pour répondre : **Het is ...**, *Il est ...*

- Notez que l'on utilise **uur** uniquement pour les heures entières et que, contrairement au français, il reste au singulier après un nombre :

Het is negen <u>uur</u>, *Il est neuf heure<u>s</u>*

> 💡 Habituez-vous : en néerlandais, on utilise d'abord les minutes, puis l'heure.

- Pour les 15 premières minutes après l'heure pile, utilisez **over**, *après* :

Het is vijf (minuten) over negen, *Il est neuf heures cinq* (littéralement : *Il est cinq (minutes) après neuf*)

Het is tien (minuten) over negen, *Il est neuf heures dix*

Het is kwart over negen, *Il est neuf heures et quart*

> 💡 Notez que l'emploi du nom **minuten** est facultatif.

- De 16 à 30, comptez les minutes qui vous <u>séparent</u> de la demie. Attention, la demie est annoncée par rapport à l'heure à venir, et non l'heure en cours. Utilisez la préposition **voor**, *avant* :

Het is tien (minuten) voor half tien, *Il est neuf heures vingt* (littéralement : *Il est dix (minutes) avant demi dix*)

Het is vijf (minuten) voor half tien, *Il est neuf heures vingt-cinq*

Het is half tien, *Il est neuf heures et demie*

- Pour les 14 minutes suivantes, comptez les minutes qui vous <u>éloignent</u> de la demie, et utilisez **over** :

Het is vijf (minuten) over half tien, *Il est dix heures moins vingt-cinq*

Het is tien (minuten) over half tien, *Il est dix heures moins vingt*

CHAPITRE 14 : DEMANDER L'HEURE ET PARLER DE LA MÉTÉO

L'heure (suite)

- Pour les 15 minutes restantes, comptez les minutes qui vous séparent de l'heure à venir, et utilisez **voor** :

    Het is kwart voor tien, *Il est dix heures moins le quart*

    Het is tien (minuten) voor tien, *Il est dix heures moins dix*

    Het is vijf (minuten) voor tien, *Il est dix heures moins cinq*

- Précisez, si nécessaire, le moment de la journée à l'aide des expressions :

    's nachts, *de la nuit*

    's ochtends, *du matin*

    's middags, *de l'après-midi*

    's avonds, *du soir*

    Het is drie uur 's middags, *Il est trois heures de l'après-midi*

    Het is drie uur 's nachts, *Il est trois heures du matin*

- Pour indiquer les horaires officiels (trains, bus, etc.), la règle est la même qu'en français. On emploie les chiffres/nombres de 0 à 24, en donnant d'abord l'heure puis les minutes :

    De trein vertrekt om zestien uur zesenveertig, *Le train partira à seize heures quarante-six*

❶  Reliez les heures à la bonne phrase.

1. Het is tien over zes 's avonds ⬜   **2.** Het is tien voor elf 's ochtends ⬜

3. Het is tien voor elf 's avonds ⬜   **4.** Het is tien over zes 's ochtends ⬜

CHAPITRE 14 : DEMANDER L'HEURE ET PARLER DE LA MÉTÉO

2 Écrivez les heures en toutes lettres et des deux manières possibles.
ex. : 15 h 45 → a. kwart voor vier → b. vijftien uur vijfenveertig

1. 07:15 → a. ....
   → b. ....

2. 12:30 → a. ....
   → b. ....

3. 14:40 → a. ....
   → b. ....

4. 16:05 → a. ....
   → b. ....

5. 23:20 → a. ....
   → b. ....

La météo

- Pour demander quel temps il fait, on utilise la structure suivante :
  Wat voor weer is het? *Quel temps fait-il ?* (littéralement : *quelle sorte de temps fait-il ?*)

Banque de mots

het weer [wé:r] (*le temps, la météo*)
de lucht is blauw [lùXt] (*le ciel est bleu*)
de mist [mìsst] (*le brouillard*)
het mist [mìsst] (*il y a du brouillard*)
de regen [ré:Xeⁿ] (*la pluie*)
het regent [ré:Xent] (*il pleut*)
de sneeuw [ssné:ou] (*la neige*)
het sneeuwt [ssné:out] (*il neige*)
de wind [wìnt] (*le vent*)
het waait [wa:yt] (*il y a du vent*)
de wolk [wòlk] (*le nuage*)
het is bewolkt [bewòlkt] (*c'est nuageux*)

de zon [z'òn] (*le soleil*)
het is zonnig [z'òneX] (*il y a du soleil*)
er is kans op buien [èr ìs kànss òp bœyeⁿ] (*il y a un risque d'averses*)
overdag [o:v'erdàX] (*dans la journée*)
de windstreek [wìntstré:k] (*le point cardinal*)
het noorden [no:rdeⁿ] (*le nord*)
het zuiden [z'œydeⁿ] (*le sud*)
het oosten [o:ssteⁿ] (*l'est*)
het westen [wèssteⁿ] (*l'ouest*)
de wind waait uit het noorden (*le vent souffle du nord*)
de wind komt uit het noorden (*le vent vient du nord*)

CHAPITRE 14 : DEMANDER L'HEURE ET PARLER DE LA MÉTÉO

- Pour parler du temps, l'usage du diminutif est très répandu en néerlandais :

het weer	→	het weertje
de wolk	→	het wolkje
de zon	→	het zonnetje
de bui	→	het buitje

3 Complétez les espaces, pour demander ou indiquer quel temps il fait.

1. Wat voor .... is het?
   Het is .... en het ....

2. Wat .... weer is ....?
   De .... is .... en het is ....

3. .... voor .... is het?
   Het ....

4 Traduisez les phrases suivantes.

1. **De wind waait uit het zuiden.**

   → ....

2. **Het regent in het oosten van het land.**

   → ....

3. **In het westen is het overdag zonnig, maar 's avonds is er kans op mist.**

   → ....

4. **In het noorden is het bewolkt en de wind komt uit het noorden.**

   → ....

5 Trouvez la traduction des mots suivants dans ces lignes de mots collés.

luchtbewolkthuisjemistbuitjebierwijntjekrentenboldropje broodzonnetjekroketbedjebesboekjejassneeuwgroentelandje overdagnoorden

1. vin → .... 2. averse → .... 3. soleil → .... 4. lit → ....

5. livre → .... 6. réglisse → .... 7. maison → .... 8. pays → ....

CHAPITRE 14 : DEMANDER L'HEURE ET PARLER DE LA MÉTÉO

Banque de mots

het seizoen [ssèy**z'oun**] (*la saison*)
de herfst [**Hèr**fsst] (*l'automne*)
de lente [**lèn**te] (*le printemps*)
de winter [**wìn**ter] (*l'hiver*)
de zomer [**z'o:**mer] (*l'été*)
heet [Hé:t] (*très chaud, brûlant*)
kil [kìl] (*froid et humide*)
koud [kaout] (*froid*)
zacht [z'àXt] (*doux*)

6 Formez des phrases correctes à l'aide des éléments fournis en commençant par le mot contenant une majuscule.

1. ? of de winter van van Houd de zomer je

2. de herfst kil is en in de lente zacht in Het

3. is in Het weer de herfst de en zomer kil heet in

1. → ....
2. → ....
3. → ....

7 Donnez la prononciation des mots ci-dessous en soulignant la syllabe qui porte l'accent tonique ; n'oubliez pas de prononcer bien distinctement le *e* final du diminutif !

1. huisje [............] / ijsje [............]
2. buitje [............] / wijntje [............]
3. doosje [............] / glaasje [............]
4. kopje   [............] / stukje [............]

Bravo, vous êtes venu(e) à bout du quatorzième chapitre ! Il est maintenant temps de compter les icônes et de reporter le résultat en page 128 pour l'évaluation finale.

15 La structure de la phrase

L'ordre des mots dans la phrase

- Dans une phrase affirmative simple, le verbe conjugué occupe toujours la deuxième position :

1	2	
De wind	**komt**	uit het noorden.
Hij	**komt**	uit het noorden.
Het	**waait.**	

- Si la phrase commence par un complément, il faut inverser le verbe et le sujet, de façon que le verbe conjugué se retrouve bien en deuxième position :

1	2	
In het noorden	**is**	het bewolkt.
Morgen	**ga**	ik naar de markt.
Op dinsdag	**werkt**	hij niet.

- Dans une phrase interrogative simple, le verbe conjugué se trouve soit en tête de phrase, soit tout de suite après le mot interrogatif :

Hoe	**heet**	je?
Wat	**doen**	jullie daar?
Zoekt	hij	werk?
Willen	ze	een wijntje?

- Les verbes à l'infinitif se retrouvent à la fin de la phrase :

Hebben	jullie	zin om naar het café te	**gaan?**
Ik	wil	op zaterdag boodschappen	**doen.**
We	vinden	boerenkool heerlijk	**smaken.**
Willen	jullie	een biertje	**drinken?**

CHAPITRE 15 : LA STRUCTURE DE LA PHRASE

Les conjonctions de coordination

dus (*donc*), **en** (*et*), **maar** (*mais*), **of** (*ou*), **want** (*car*)

Notez que les conjonctions de coordination relient deux propositions principales et que le verbe conjugué suit par conséquent les règles indiquées ci-contre.

De groenteboer **werkt** op zondag	maar	de boekhouder **wil** niet op zondag **werken**.
We **eten** een broodje	want	we **hebben** honger.
Ik **ben** moe (*je suis fatigué*)	dus	ik **ga** nu (*maintenant*) naar huis.
Wat **willen** jullie **drinken**	en	wat **willen** jullie **eten**?
Wil je naar de film	of	**wil** je naar de markt?

1 Placez les verbes suivants au bon endroit.

gaan x2   *drinken*   *vertrekken*   *wil*   *hebben*   *zullen*   *kan*   *wonen*   *laten*

1. De trein .... vandaag niet ....

2. .... jullie zin om een kopje koffie te .... ?

3. .... we naar de markt .... ?

4. .... we naar de bioscoop .... !

5. Ik .... niet in Frankrijk ....

2 Formez des phrases cohérentes en reliant les propositions principales.

1. Heb je honger   a. dus er is kans op regen.
2. Ze zijn dol op Eva   b. en ik werk in Amsterdam.
3. Ik ben Nederlandse   c. want ze werken hard.
4. Ze zijn moe   d. of heb je dorst?
5. Het is bewolkt   e. maar ze houden niet van Petra.

CHAPITRE 15 : LA STRUCTURE DE LA PHRASE

Les pronoms personnels objets non accentués

me, moi	te, toi	vous	le, la, lui (masculin et genre commun)	le, la, lui (féminin)	le, la, lui (genre neutre)	nous	vous	les, eux, leur
me	je	u	'm	'r (d'r)*	't	ons	jullie	ze
[me]	[ye]	[u:]	[em]	[er] [der]	[et]	[ònss]	[yùli:]	[z'e]

* Pour des raisons de liaison, on peut prononcer [der] au lieu de [er].

- Le pronom personnel objet peut être objet direct ou indirect (accompagné ou non d'une préposition) :

  Ik zie je, *Je te vois*

  Ik geef je de boodschappen, *Je te donne les courses*

  Ik zal dat voor je doen, *Je ferai ça pour toi*

- Les formes non accentuées sont plus fréquentes que les formes accentuées, qui sont notamment utilisées pour faire ressortir le pronom, par exemple pour exprimer un contraste.

  We houden van hem maar niet van haar! *Nous l'aimons, lui, mais elle, nous ne l'aimons pas !*

  We houden van 'm, *Nous l'aimons*

Ze zien haar morgen, *Ils la voient, elle, demain*

Ze zien 'r morgen, *Ils la voient demain*

Notez que l'accent tonique sera placé sur le pronom accentué afin de le faire ressortir.
Notez que les formes réduites **'m**, **'r** et **'t** sont surtout courantes à l'oral. À l'écrit, vous allez trouver les formes **hem**, **haar** et **het**, qui se prononceront **[em]**, **[er]** et **[et]**.

Ik zie haar [ìk z'i: Ha:r]
→ *Je la vois, elle* (forme accentuée)

Ik zie haar [ìk z'i: der]
→ *Je la vois* (forme non accentuée)

Ik weet het [ìk wé:t et]
→ *Je le sais* (forme non accentuée)

---

3 Indiquez la prononciation des pronoms personnels objets.

1. ze   [..................]
2. hem [..................]
3. haar [..................]
   hem [..................]
4. haar [..................]
5. je   [..................]
6. het [..................]

CHAPITRE 15 : LA STRUCTURE DE LA PHRASE

4 Traduisez les énoncés suivants.

1. **Waar zijn mijn zussen? Ik zie ze niet.**
→ ....

2. **Ik geef hem de hagelslag.**
→ ....

3. **We geven haar een boterham en hem een krentenbol.**
→ ....

4. **Ze zijn gek op haar.**
→ ....

5. **Zullen we een kopje koffie of thee voor je maken?**
→ ....

6. **Jullie weten het: het waait en het sneeuwt.**
→ ....

Banque de mots

altijd [àltèyt] (*toujours*)
beneden [bené:deⁿ] (*en bas*)
binnen [bìneⁿ] (*en, à l'intérieur*)
boven [bo:vˈeⁿ] (*en haut*)
buiten [bœyteⁿ] (*dehors, à l'extérieur*)
dichtbij [dìxtbèy] (*près, tout près*)
nooit [no:yt] (*ne jamais*)

nu [nu:] (*maintenant*)
soms [ssòmss] (*parfois*)
tot aan [tòt a:n] (*jusqu'au*)
vaak [v'a:k] (*souvent*)
vanaf [v'ànàf] (*à partir de*)
ver [v'èr] (*loin*)
vroeger [v'rouXer] (*autrefois*)

CHAPITRE 15 : LA STRUCTURE DE LA PHRASE

5 Remettez les lettres dans l'ordre et notez ensuite les noms en dessous avec leur traduction en français à côté.

1. OMSS   2. UTNBEI   3. AVFAN

4. OVBEN   5. DIJLAT   6. KAVA

1. ....
2. ....
3. ....
4. ....
5. ....
6. ....

6 Reliez ces mots à leurs contraires.

1. BUITEN   2. VER   3. BOVEN   4. NOOIT   5. NU

a. ALTIJD   b. VROEGER   c. BINNEN   d. BENEDEN   e. DICHTBIJ

7 Indiquez si l'ordre des mots est correct ou non : GOED ou FOUT ; si l'ordre n'est pas correct, récrivez les mots dans le bon ordre en dessous.

1. Dat zal ik voor hem doen nooit.   ☐ Goed ☐ Fout

....

2. Ze doet soms de boodschappen voor haar.   ☐ Goed ☐ Fout

....

3. Vanaf nu ga ik buiten zwemmen altijd.   ☐ Goed ☐ Fout

....

CHAPITRE 15 : LA STRUCTURE DE LA PHRASE

8. Trouvez dans les phrases ci-dessous le mot manquant et mettez une croix dans l'avant-dernière ou la dernière colonne pour exprimer votre goût par rapport aux mots soulignés.

1. Wat voor weer is het? <u>Het</u> <u>sneeuwt</u> en het waait b.................. .		
2. Ik houd niet van <u>regen</u> dus ik blijf liever b.................. .		
3. Hij heeft n.................. zin om <u>boodschappen</u> te <u>doen</u>.		
4. Waarom ga je a.................. op zaterdag naar <u>de markt</u>?		
5. Is <u>de bioscoop</u> d.................. ? Nee, het is nog ver.		

9. Donnez la prononciation des mots ci-dessous et entraînez-vous à prononcer bien distinctement les voyelles longues [eu] et [ou].

1. leuk   [..................] / vroeger [..................]

2. kleur [..................] / beroep [..................]

3. bloem [..................] / neus   [..................]

4. goed [..................] / keuken [..................]

Bravo, vous êtes venu(e) à bout du quinzième chapitre ! Il est maintenant temps de compter les icônes et de reporter le résultat en page 128 pour l'évaluation finale.

107

16
Les verbes de position

Les quatre verbes de base

- Les verbes français *se trouver* et *être* se traduisent en règle générale en néerlandais par un verbe de position. Il y a quatre verbes de position de base :
  - **staan** (*être debout*) s'utilise pour se référer à la station debout de l'homme et, par extension, à la position des objets dont la position fonctionnelle est verticale.
  - **liggen** (*être couché*) s'utilise pour se référer à la position couchée de l'homme et s'applique par extension à tous les objets dont la position fonctionnelle est plutôt horizontale.
  - **hangen** (*pendre*, *être suspendu*) s'utilise comme en français.
  - **zitten** (*être assis*) s'utilise pour se référer à la position assise de l'homme, et à des objets dont la position est difficile à indiquer.

Het meisje staat in de tuin, *La fillette se trouve* (*debout*) *dans le jardin*

De auto staat voor de deur, *La voiture se trouve devant la porte*

Het bord staat op de tafel, *L'assiette se trouve sur la table*

De jongen ligt op de bank, *Le garçon se trouve* (*couché*) *sur la banquette*

De mat ligt op de grond, *Le tapis se trouve sur le sol*

Het brood ligt op de plank, *Le pain se trouve sur la planche*

Het overhemd hangt in de klerenkast, *La chemise est suspendue dans la penderie*

De man zit op de stoel, *L'homme est assis sur la chaise*

De hond zit in de mand, *Le chien est assis dans le panier*

De trui zit in de wasmachine, *Le pull se trouve dans la machine à laver*

Notez bien qu'en néerlandais, l'emploi d'un verbe de position est requis dès qu'on a la possibilité d'indiquer la position de la personne ou de l'objet.

CHAPITRE 16 : LES VERBES DE POSITION

1 Traduisez les phrases suivantes.

1. **Waar ligt mijn vest?**
→ ....

2. **Je schoenen staan naast de deur.**
→ ....

3. **Zijn sokken zitten in zijn schoenen.**
→ ....

4. **Haar jas hangt daar.**
→ ....

Les verbes de position et leur position fonctionnelle

- Si la position fonctionnelle d'un objet, avec des pieds ou des roues, est debout (par exemple une table, une voiture, une assiette ou un verre), le verbe **staan** est requis.
- Si la position fonctionnelle d'un objet rond ou allongé est couchée (par exemple un ballon, une chemise posée à plat ou un couteau), le verbe **liggen** est requis.
- Si la position fonctionnelle d'un objet se trouvant dans un espace confiné peut être considérée comme « assise » (par exemple de la monnaie dans un porte-monnaie, des affaires dans un sac à main, un produit dans une boîte, du liquide dans un verre ou encore des objets dans une poche de pantalon), le verbe **zitten** est requis.

2 Reliez la position fonctionnelle des objets aux bons verbes de position.

1. stoel ☐   ☐ zitten
2. bloes ☐   ☐ liggen
3. cent (*dans une poche*) ☐   ☐ staan
4. cent (*sur la table*) ☐   ☐ zitten
5. koffie (*dans une boîte*) ☐   ☐ liggen
6. kopje ☐   ☐ staan

CHAPITRE 16 : LES VERBES DE POSITION

3 Reliez la description à la bonne image.

1. Het geld (*argent*) zit in mijn portemonnee (*porte-monnaie*).
2. De fietsen staan in de fietsenstalling (*garage à vélos*).
3. De voetbal (*ballon de foot*) ligt op het gras.
4. De jas hangt op de kapstok (*portemanteau*).

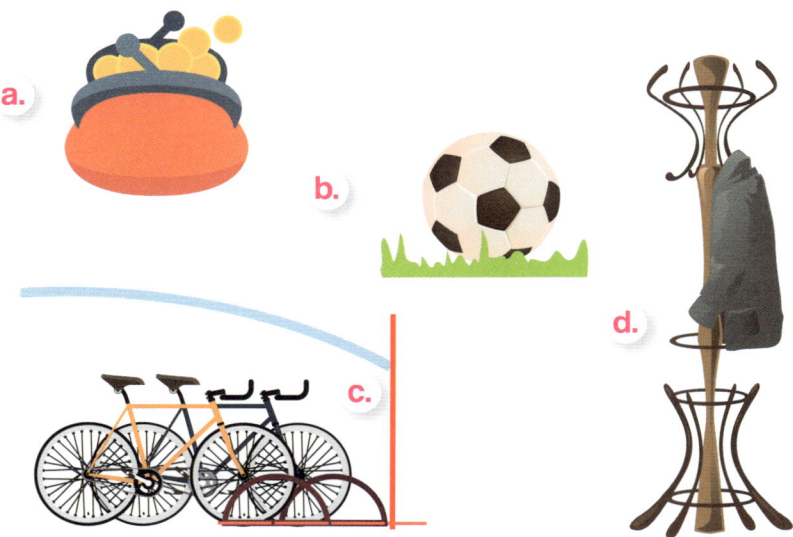

a.
b.
c.
d.

Les adverbes spatiaux

- Les prépositions spatiales comme **in** (*dans*) ou **op** (*sur*) peuvent se combiner avec d'autres prépositions ou adverbes, afin de donner plus de précisions sur la position de la personne ou l'objet :

achterin (*à l'arrière* (*dans*))

achterop (*à l'arrière* (*sur*))

voorin (*à l'avant* (*dans*))

voorop (*à l'avant* (*sur*))

bovenop (*sur le dessus* (*de*))

onderop (*sur le dessous* (*de*))

Ze zitten voorin / achterin de auto, *Ils sont assis à l'avant / à l'arrière de la voiture (dans la voiture)*

Ze zitten voorop / achterop de motor, *Ils sont assis à l'avant / à l'arrière de la moto (sur la moto)*

CHAPITRE 16 : LES VERBES DE POSITION

4 Dans les questions ci-dessous, demandez où se situent les animaux.

1.

« Zit de kat .... de koelkast ? »

2.

« Zit de hond .... de fiets ? »

5 Reliez les adverbes à leur contraire.

1. onderop   ◯   ◯   achterin

2. achterop   ◯   ◯   bovenop

3. voorin   ◯   ◯   voorop

- Souvenez-vous des interrogatifs **waar vandaan**, **waar heen** et **waar naartoe** du chapitre **10** :

    waar... vandaan (*d'où*) pose la question du lieu d'où l'on vient,

    waar... heen / **waar... naartoe** (*où* + direction) pose la question du lieu où l'on va.

- La seconde partie de ces interrogatifs se combine également avec les adverbes **hier** et **daar** :

    – Pour indiquer d'où l'on vient

    hiervandaan, *d'ici*

    daarvandaan, *de là-bas*

    – Pour indiquer la direction vers laquelle on se déplace

    hiernaartoe, hierheen, (*vers*) *ici*

    daarnaartoe, daarheen, (*vers*) *là-bas*

    Ik kom hiervandaan, *Je viens d'ici*

    Ik kom hier niet vandaan,
    Je ne viens pas d'ici

    Ik ga daarnaartoe, *Je vais là-bas*

    Ik ga daar niet naartoe,
    Je ne vais pas là-bas

> Notez bien que les adverbes se scindent en deux dès que d'autres adverbes sont utilisés. La seconde partie se trouve alors à la fin de l'énoncé.

CHAPITRE 16 : LES VERBES DE POSITION

Banque de mots

ten noorden van [tèn **no:**rdeⁿ v'àn] (*au nord de*)

ten zuiden van [tèn **z'œy**deⁿ v'àn] (*au sud de*)

ten oosten van [tèn **o:ss**teⁿ v'àn] (*à l'est de*)

ten westen van [tèn **wèss**teⁿ v'àn] (*à l'ouest de*)

het dorp [dòrp] (*le village*)

de plaats [pla:tss] (*l'endroit, la ville*)

de stad [sstàt] (*la ville*)

6 Répondez aux questions suivantes en utilisant les mots fournis.

1. *Kom je hiervandaan?*

Nee, ik kom .... niet ....

Ik kom uit een dorp .... (*à l'est de*) Amsterdam.

2. *Komen ze daarvandaan?*

Nee, ze komen ....

Ze komen uit een stad .... (*à l'ouest de*) Haarlem.

3. *Kom je daarvandaan?*

Nee, ...

.... een plaats .... (*au nord de*) Rotterdam.

4. *Komen jullie hiervandaan?*

Nee, ...

.... een dorpje .... (*au sud de*) Gouda.

CHAPITRE 16 : LES VERBES DE POSITION

 Entourez la bonne prononciation.

	a.	b.	c.
1. oi	[aou]	[oy]	[èy]
2. ooi	[o:y]	[o:ou]	[œy]
3. aai	[a:ou]	[ày]	[a:y]

 **Placez les prononciations suivantes à côté des mots correspondants.**

[sa:y] - [no:yt] - [Hoy] - [wa:yt] - [mo:y]

1. *saai* (monotone) → ....

2. *waait* → ....

3. *mooi* → ....

4. *nooit* → ....

5. *hoi* → ....

Bravo, vous êtes venu(e) à bout du seizième chapitre ! Il est maintenant temps de compter les icônes et de reporter le résultat en page 128 pour l'évaluation finale.

17

S'exprimer au passé

Le participe passé des verbes réguliers

- Il se forme en plaçant le préfixe **ge-** devant le radical et en ajoutant la terminaison **-t** ou **-d**. Pour choisir la bonne terminaison, on regarde quelle lettre se trouve juste devant la terminaison **-en** de l'infinitif.

- Si c'est un **t, k, f, s, ch** ou **p**, on ajoute la terminaison **-t**. Si le radical se termine déjà par un **t**, on n'ajoute pas de **-t** supplémentaire.

> 💡 Pour vous rappeler ces consonnes, pensez à la phrase « **K**ung **F**u **p**rend **s**on **t**hé **ch**aud ».

fietsen (*faire du vélo*) ➔	**ge** + radical **fiets** + **t**	= **gefietst**
haten (*détester*) ➔	**ge** + radical **hat**	= **gehaat**

> 💡 N'oubliez pas de doubler la voyelle si elle est longue.

- Si cette lettre n'est pas un **t, k, f, s, ch** ou **p**, on ajoute la terminaison **-d** :

huilen (*pleurer*) ➔	**ge** + radical **huil** + **d**	= **gehuild**
rennen (*courir*) ➔	**ge** + radical **ren** + **d**	= **gerend**

- Faites attention aux verbes dont la dernière lettre du radical est un **v** ou un **z**. La terminaison du participe passé de ces verbes est un **-d**. Souvenez-vous que le **v** se transforme en **f** à la fin d'un mot, et le **z** en **s**. N'oubliez pas de doubler la voyelle si elle est longue :

geloven (*croire*) ➔ **ge** + radical **lov** + **d** = **geloofd**

- Pour le participe passé d'un verbe à particule séparable, le préfixe **ge-** se place toujours entre la particule et la partie verbale, par exemple :

opsturen (*envoyer*) ➔ particule **op** + **ge** + radical **stur** + **d** = **opgestuurd**

afrekenen (*régler*) ➔ particule **af** + **ge** + radical **reken** + **d** = **afgerekend**

- Le passé composé se forme la plupart du temps avec l'auxiliaire **hebben** (*avoir*) conjugué au présent. Le participe passé se trouve en règle générale à la fin de la phrase.

Ze heeft drie jaar in Amsterdam gewoond.

Elle a habité trois ans à Amsterdam.

Hoeveel hebben de boodschappen op de markt gekost?

Combien ont coûté les courses au marché ?

CHAPITRE 17 : S'EXPRIMER AU PASSÉ

Le passé composé

Le passé composé est utilisé pour décrire un événement ou une série d'événements isolés dans le passé, dont le résultat ou les conséquences se répercutent dans le présent.

❶ Reliez l'infinitif au participe passé correspondant.

1. kosten ☐   ☐ afgerekend
2. haten ☐   ☐ geduurd
3. spelen ☐   ☐ gekost
4. duren ☐   ☐ gehaat
5. afrekenen ☐   ☐ gespeeld

❷ Entourez la bonne forme du participe passé.

1. gesmaakt / gesmaakd / gesmakt / gesmakd
2. gerennt / gerennd / gerent / gerend
3. geopstuurd / geopstuurt / opgestuurd / opgestuurt
4. geloofd / gelooft / gelovd / gelovt

Les verbes à particule (suite)

- Vous savez déjà qu'en néerlandais, certains verbes sont composés d'une particule associée à un infinitif. La particule – qui a la particularité de pouvoir se détacher du verbe lors de la conjugaison – donne en même temps tout le sens au verbe.

CHAPITRE 17 : S'EXPRIMER AU PASSÉ

Banque de mots

aanzetten [a:nz'èteⁿ] (*allumer*)
afhalen [àfHa:leⁿ] (*aller chercher*)
afleggen [àflèXeⁿ] (*parcourir, terminer*)
invullen [ìnv'ùleⁿ] (*remplir*)
opbellen [òpbèleⁿ] (*téléphoner à, appeler*)
uitleggen [œytlèXeⁿ] (*expliquer*)
uitnodigen [œytno:deXeⁿ] (*inviter*)
uitzetten [œytz'èteⁿ] (*éteindre*)

de afstand [àfstànt] (*la distance*)
het feest [fé:sst] (*la fête*)
het formulier [fòrmu:li:r] (*le formulaire*)
de radio [ra:di:yo:] (*la radio*)
de school [ssXo:l] (*l'école*)
de situatie [ssi:tu:a:tssi:] (*la situation*)

gisteren [Xìsstereⁿ] (*hier*)
eergisteren [érXìsstereⁿ] (*avant-hier*)
geleden [Xelédeⁿ] (*il y a, passé*)
voor het laatst [vo:r Hèt la:tsst] (*pour la dernière fois*)

3 Mettez les mots suivants dans le bon ordre pour former des phrases.

1. **de - uur - twee - geduurd - heeft - geen - film**
→ ....

2. **niet - hebben - dat - ze - formulier - ingevuld - waarom?**
→ ....

3. **wie - de - heeft - radio - uitgezet?**
→ ....

4. **hij - dochter - afgehaald - van school - zijn - heeft**
→ ....

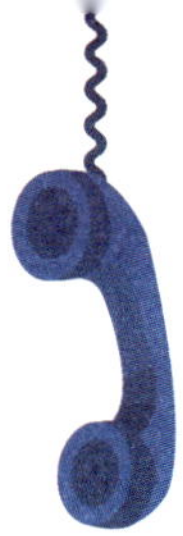

CHAPITRE 17 : S'EXPRIMER AU PASSÉ

4 Traduisez les verbes ci-dessous.

1. *téléphoner* → ....
2. *allumer* → ....
3. *parcourir* → ....
4. *expliquer* → ....
5. *inviter* → ....

5 Formulez des phrases au passé composé, à l'aide des mots donnés et des verbes trouvés dans l'exercice précédent.

1. (het meisje / gisteren / haar vader)
→ ....

2. (de man / vanochtend / de televisie)
→ ....

3. (de jongen / eergisteren / een lange afstand)
→ ....

4. (ik / een uur geleden / de situatie)
→ ....

5. (jullie / haar / voor het feest / ?)
→ ....

6 Mettez les verbes donnés à la bonne forme et traduisez ensuite les phrases.

1. Hoelang geleden (hebben) je voor het laatst je ouders (opbellen)?
→ ....
→ ....

2. (hebben) hij haar de situatie nooit (uitleggen)?
→ ....
→ ....

3. (hebben) je grootouders de radio niet (uitzetten)?
→ ....
→ ....

117

CHAPITRE 17 : S'EXPRIMER AU PASSÉ

7. Trouvez les participes passés dans la grille ci-dessous, puis complétez les énoncés.

A	E	Z	W	R	Y	U	P	N	B	F	G	Q
G	E	F	I	E	T	S	T	D	N	G	F	E
E	B	L	M	W	X	I	J	K	P	L	N	V
H	X	F	Y	J	K	G	E	W	O	O	N	D
U	Z	E	R	T	G	E	S	M	A	A	K	T
I	A	U	R	Z	A	S	I	Q	H	J	W	G
L	G	H	L	M	T	P	P	A	B	K	U	E
D	B	T	S	G	G	E	H	A	A	T	T	K
B	F	D	S	E	O	E	O	F	E	L	X	O
T	C	V	T	D	R	L	S	Q	G	F	D	S
G	E	D	U	U	R	D	N	J	I	M	Y	T

1. Janneke heeft een uur ………………………… (*faire du vélo*)

2. Eline en Maartje hebben lief in de tuin ………………………… (*jouer*)

3. Ineke heeft tien jaar in Amsterdam ………………………… (*habiter*)

4. Het meisje heeft niet lang ………………………… (*pleurer*)

5. Ze hebben dat altijd ………………………… (*détester*)

6. Heeft het lekker ………………………… (*avoir bon goût*)?

7. De regen heeft drie uur ………………………… (*durer*)

8. Hebben de druiven veel ………………………… (*coûter*)?

CHAPITRE 17 : S'EXPRIMER AU PASSÉ

8 Indiquez la prononciation des participes passés et entraînez-vous à prononcer les consonnes finales.

1. aangezet   [....................]   4. ingevuld   [....................]

2. afgelegd   [....................]   5. gefietst   [....................]

3. uitgezet   [....................]

- Ne confondez pas la prononciation du **g** et du **r**. Lorsque ces deux consonnes se suivent, il convient de prononcer les deux distinctement.

9 Pour chaque prononciation, indiquez de quel mot il s'agit et entraînez-vous ensuite à le prononcer correctement.

1. [Xout] → ....   6. [ro:t] → ....

2. [Xra:X] → ....   7. [mòrXeⁿ] → ....

3. [rùX] → ....   8. [Xroun] → ....

4. [Xrèyss] → ....   9. [rèydeⁿ] → ....

5. [Xràss] → ....   10. [Xro:t] → ....

Bravo, vous êtes venu(e) à bout du dix-septième chapitre ! Il est maintenant temps de compter les icônes et de reporter le résultat en page 128 pour l'évaluation finale.

SOLUTIONS

1. Former ses premières phrases

❶ 1. [é:] 2. [wé:] 3. [Xé:] 4. [a:] 5. [ìkss] 6. [èy] 7. [i:] 8. [Ha:]
❷ 1. G 2. U 3. C 4. S 5. X 6. A
❸ 1. [yé] [a:] [èss] [pé:] [é:] [èr] 2. [Xé:] [u:] [u:] [èss] 3. [Ha:] [a:] [èn] [èn] [é:] [ka:] [é:]
❹ 1. de 2. het 3. de 4. de 5. de 6. het 7. de 8. het
❺ 1. een meisje 2. een maan 3. lampen
❻ 1. een kat 2. lampen 3. het licht 4. de meisjes
❼ 1. hij 2. het 3. hij 4. we 5. ze 6. ze
❽ 1. het 2. u 3. jullie
❾ 1. hebben 2. hebben 3. hebt
❿ 1. is 2. zijn 3. is
⓫ 1. groot 2. ziek 3. goed 4. triest 5. klein 6. vervelend 7. vrolijk

G	O	E	D		T				
R				V	R	O	L	I	J	K
O					I				
O					L	E			
T					E	S			
					U	T			
	Z	I	E	K					
				K	L	E	I	N	
	V	E	R	V	E	L	E	N	D

⓬ 1. a. liter b. lip 2. a. zon b. zoon 3. a. zus b. zuur 4. a. maan b. man 5. a. mes b. mees
⓭ 1. Janneke en Hanneke hebben een zus. 2. De zon is warm. 3. We zijn vrolijk en hij is triest. 4. Guus heeft een tuin.
⓮ 1. [Hònt] 2. [Hèp] 3. [Xout] 4. [wèp]
⓯ [m è y che] [H à n eke] [y ò ŋ e n ss] [u: o u]

2. Formuler des questions

❶ 1. doet 2. werken 3. fietst 4. zien
❷ 1. fietst 2. ziet 3. werkt 4. doet

F				Z	I	E	T
I	W						
E							T
R	T				E		
K		S					
T			T	D			

❸ 1. Werk je goed? Travailles-tu bien ? 2. Heb je een hond? As-tu un chien ? 3. Ben je triest? Es-tu triste ?
❹ 1. Is Italië een warm land? 2. Werk je in Spanje? 3. Zijn ze Portugees of zijn ze Nederlands?
❺ 1. B 2. B 3. A 4. C
❻ Italië - Frankrijk - Nederland - Spanje / Frans - Italiaans - Engels - Belgisch

❼ 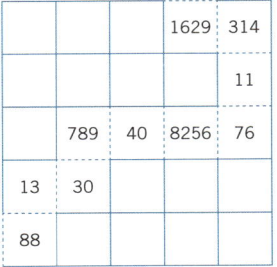 Nederland, Frankrijk, Italië, Portugal
❽ 1. Hij is klein. 2. Zij is ziek. En wij ook. 3. Zijn ze Belgisch? 4. Ik zie Hans. En jij? 5. Je fietst. 6. Zij werken in Frankrijk.
❾ 1. Zij wonen in Frankrijk en wij wonen in België. 2. Nederland is een klein land en Frankrijk is een groot land. 3. Hij is vervelend maar zij is leuk. 4. Werk je in Spanje of werk je in Italië?
❿ 1. in 2. naast 3. achter 4. op 5. onder
⓫ 1. Waar fietsen jullie? FOUT 2. Waarom werken Maria en Hans in de tuin? FOUT 3. Wat zie je naast de mand? FOUT 4. Wanneer is het warm? GOED
⓬ 1. [wàt] / [wa:r] 2. [ma:n] / [màn] 3. [**ssp**à**n**ye] / [sspa:nss] 4. [lànt] / [ma:r]
⓭ 1. [we] 2. [**y**ù**l**i:] 3. [ìk] 4. [yèy] 5. [u:] 6. [wèy] 7. [z'e] 8. [ye] 9. [Hèy] 10. [z'èy] 11. [Hèt]

3. Mettre au pluriel

❶ 1. de wortel 2. de sperzieboon 3. de kers 4. de pruim
❷ 1. de bessen 2. de boodschappen 3. de artisjokken 4. de sjalotten
❸ 1. de bananen 2. de bramen 3. de peren 4. de kolen
❹ A. acht citroenen B. vijf peren C. drie sinaasappels/sinaasappelen D. vier bananen
❺ 1. 199 2. 87 3. 3524
❻ 1. *Combien coûtent les courses ?* Ze kosten vijfenzestig euro. *Elles coûtent soixante-cinq euros.* 2. *Combien coûte la maison ?* Het kost driehonderddrieëntwintigduizend euro. *Elle coûte trois cent vingt-trois mille euros.* 3. *Combien coûte le panier ?* Hij kost achtentachtig euro. *Il coûte quatre-vingt-huit euros.*
❼ 1. Inkt is zwart. 2. Gras is groen. 3. Een braam is rood. 4. Een wortel is oranje.
❽ 1. [z'òn] / [z'o:n] 2. [ro:t] / [ròt] 3. [**wò**rtel] / [wo:rt] 4. [ko:l] / [kòsst]
❾ 1. FOUT 2. FOUT 3. FOUT 4. GOED
❿ 1. achtentachtig 2. dertien 3. dertig 4. zevenhonderdnegenentachtig 5. veertig 6. achtduizend tweehonderdzesenvijftig 7. zesenzeventig 8. elf 9. driehonderdveertien 10. zestienhonderdnegenentwintig

		1629	314
			11
789	40	8256	76
13	30		
88			

⓫ 1. vijfhonderdeenentwintig min tweeëntwintig is vierhonderdnegenennegentig 2. zesenzestig gedeeld door twee is drieëndertig 3. vijfenzestig plus driehonderdnegen is driehonderdvierenzeventig

SOLUTIONS

4. Faire les présentations (1)

❶ 1. zus 2. kleinzoon 3. neef 4. grootmoeder 5. vrouw 6. tante 7. zoon

❷ 1. Dit is de broer van Marga en dat is de zus van Marc. *Voici le frère de Marga et voilà la sœur de Marc.* 2. Dit is de kleindochter van Marga en dat is de kleinzoon van Marc. *Voici la petite-fille de Marga et voilà le petit-fils de Marc.* 3. Dit is de nicht van Marga en dat is de neef van Marc. *Voici la nièce/cousine de Marga et voilà le neveu/cousin de Marc.* 4. Dit is de grootvader van Marga en dat is de grootmoeder van Marc. *Voici le grand-père de Marga et voilà la grand-mère de Marc.* 5. Dit is de man van Marga en dat is de vrouw van Marc. *Voici le mari de Marga et voilà la femme de Marc.* 6. Dit is de oom van Marga en dat is de tante van Marc. *Voici l'oncle de Marga et voilà la tante de Marc.* 7. Dit is de dochter van Marga en dat is de zoon van Marc. *Voici la fille de Marga et voilà le fils de Marc.*

❸

Nette proximité entre le locuteur et l'objet ? :	
oui	non
1. Deze man is groot.	2. Die mannen zijn klein.
4. Deze bananen zijn groen.	3. Die bananen zijn geel.
5. Dit kind is lief.	6. Dat kind is vervelend.
8. Deze meisjes zijn vrolijk.	7. Die meisjes zijn triest.

❹ 1. heet Viktor. 2. ga naar Amsterdam. 3. wonen in Parijs. 4. spreken Frans.

❺ 1. Heet hij Hans of heet hij Jasper? 2. Wij gaan naar Amsterdam en jij gaat naar Parijs. 3. Spreekt u Italiaans en Portugees?

❻ 1. [z'ùss] / [z'u:r] 2. [u:] / [tùsseⁿ] 3. [plùss] / [v'u:r] 4. [bu:r] / [bùss]

❼ 1. buur 2. bus 3. u 4. plus 5. zus 6. vuur 7. tusser 8. zuur

❽ 1. Hanneke is de dochter van Annelies en Martin. 2. Annelies en Martin zijn de ouders van Hanneke en Mark. 3. Mark is de broer van Hanneke 4. Annelies is de vrouw van Martin

❾

singulier	1. Een film	2. Het perron
pluriel	Twee films	De perrons
singulier	3. Een vogel	4. De borrel
pluriel	Drie vogels	De borrels
singulier	5. Een collega	6. Het meisje
pluriel	Vijf collega's	De meisjes

❿ kiwi's [**ki**:wi:ss] / films [filmss] / borrels [**bò**relss] / meisjes [**mèy**chess]   intrus : [ki:wi:ss] / [fi:lmss] / [bo:relss] / [mœychess]

5. Faire les présentations (2)

❶ 1. Mijn naam is Karel. 2. Ik heet Vermeer. 3. Mijn achternaam is Steen. 4. Mijn voornaam is Jan. 5. Ik heet Johannes.

❷ 1. mes petites-filles 2. notre maison 3. son fils (à elle) 4. ses frères (à lui) 5. nos parents 6. votre jardin 7. tes nièces/cousines 8. votre cousin/neveu 9. leurs chiens

❸ 1. bakker 2. dokter 3. visboer 4. docent 5. schilder

❹ 1. cuisinier 2. facteur 3. informaticien 4. comptable 1. Dit is mijn broer. Hij is kok. 2. Dit is haar kleinzoon. Hij is postbode. 3. Deze jongen is informaticus. 4. Die neef is boekhouder.

❺ 1. [z'èss] / [z'é:f] 2. [mé:ss] / [mèss] 3. [bèss] / [bé:sst] 4. [z'é:p] / [bèl]

❻

geven	lezen
jullie geven	hij leest
je geeft	we lezen
we geven	je leest
ik geef	jullie lezen
u geeft	ik lees
hij geeft	u leest
ze geeft / geven	ze leest / lezen

❼ 1. leest 2. Lees 3. geven 4. geven 5. leest 6. geef

❽ 1. Il lit un livre. 2. Lis-tu un livre ? 3. Ils donnent un vélo à Chris. 4. Pourquoi donnez-vous un vélo à Chris ? 5. Quand lisez-vous le journal ? 6. Je donne un livre à Tessa.

❾ 1. huizen 2. raven 3. dozen 4. druiven

❿ Hoi Daan. Alles goed? Ja, prima! En met jou? Het gaat wel. Doeg! - Dag mevrouw Visser. Hoe gaat het met u? Alles gaat goed. En met u? Prima! Dag mevrouw. - Dag meneer De Boer. Hoe gaat het met u? Uitstekend! En met u? Prima! Tot ziens meneer De Boer. - Hallo Floor. Gaat alles goed? Het gaat wel! En met jou? Alles gaat goed. Doei!

⓫ 1. onze 2. ons 3. haar 4. zijn 5. uw 6. jullie

⓬ 1. mees 2. huizen 3. neef 4. doos 5. raaf 6. druiven

6. Formuler des négations

❶ 1. Nee, dit is geen fiets. Dit is een motorboot. 2. Nee, dat is geen zeilschip. Dat is een vrachtwagen. 3. Nee, dit zijn geen steppen. Dit zijn vliegtuigen. 4. Nee, dat zijn geen treinen. Dat zijn brommers.

❷ 1. A. Fietsen Peter en Rosalie in de tuin? B. Nee, ze fietsen niet in de tuin. 2. A. Woont Femke in Spanje? B. Nee, ze woont niet in Spanje. 3. A. Is Max kwaad? B. Nee, hij is niet kwaad. 4. A. Ziet Anouk het vliegtuig? B. Nee, ze ziet het vliegtuig niet. 5. A. Leest Bram het boek? B. Nee, hij leest het boek niet.

❸ 1b. Het is **niet** warm. 2b. Hij werkt **niet** in de tuin. 3a. Ze lopen **niet** snel. 4a. Ze is **niet** ziek. 5b. Ze zien het boek **niet**.

❹ 1. vliegt 2. vaart 3. rijdt 4. glijdt

❺

	lopen	rennen	varen	vertrekken
ik	loop	ren	vaar	vertrek
je	loopt	rent	vaart	vertrekt
u	loopt	rent	vaart	vertrekt
hij, zij, het	loopt	rent	vaart	vertrekt
we	lopen	rennen	varen	vertrekken
jullie	lopen	rennen	varen	vertrekken
ze	lopen	rennen	varen	vertrekken

121

SOLUTIONS

6 1. Het meisje heeft geen dorst. **2.** Hebben jullie geen zeilschip? **3.** Zie je de taxi niet? **4.** De trein vertrekt niet. **5.** Hij ziet geen hond in de mand. **6.** Wij lopen niet snel.
7 1. [z'i:k] / [ssXip] **2.** [ìk] / [v'li:X] **3.** [tàkssi:] / [v'iss] **4.** [ssXilder] / [pri:ma:]
8 slee – vliegtuig – vrachtwagen – zeilschip / vliegen – varen rijden – glijden
9 1. rijdt **2.** Vertrekt **3.** varen **4.** blijf **5.** rijden **6.** vliegt **7.** glijdt **8.** vertrekken

G	E	F	I	E	T	S	T	
E								
H				G	E	W	O	O	N	D
U				G	E	S	M	A	A	K	T
I				S							G
L				P							E
D				G	E	H	A	A	T		K
				E							O
				L							S
G	E	D	U	U	R	D					T

10 Verticale : **1.** rouler **2.** travailler **3.** donner **4.** parler Horizontale : **5.** avoir **6.** faire **7.** lire **8.** être

7. Décrire sa journée

1 1. donderdag-jeudi **2.** vrijdag-vendredi **3.** zondag-dimanche **4.** maandag-lundi **5.** dinsdag-mardi **6.** zaterdag-samedi **7.** woensdag-mercredi
2 zondag – dinsdag – zaterdag – woensdag – maandag – donderdag – vrijdag
3 1. augustus **2.** september **3.** januari **4.** mei **5.** december **6.** februari **7.** april **8.** maart **9.** juni **10.** oktober **11.** juli **12.** november
4 1. Elle a son anniversaire en août. **2.** Il travaille en septembre. **3.** C'est le premier janvier aujourd'hui **4.** Sa date de naissance est le 30 mai. **5.** Le 31 décembre, je ne travaille pas. **6.** Quand vas-tu en Italie ? En février. **7.** Pourquoi va-t-il en avril en Espagne ? **8.** As-tu ton anniversaire en mars ? **9.** Est-ce que sa date de naissance est le 28 juin ? **10.** Ils travaillent dur en octobre. **11.** Allez-vous en juillet chez Willy ? **12.** Que fais-tu en novembre ?

5

			99	67
				41
	8	10	1	7
19	3			
21				

1. negenennegenste **2.** zevenenzestigste **3.** eenenveertigste **4.** zevende **5.** eerste **6.** tiende **7.** achtste **8.** derde **9.** negentiende **10.** eenentwintigste

6 1. maandag **2.** woensdag **3.** zaterdag **4.** dinsdag **5.** zondag **6.** donderdag **7.** vrijdag
7 1. januari **2.** maart **3.** december **4.** juni **5.** oktober **6.** augustus
8 1. februari **2.** april **3.** mei **4.** juli **5.** september **6.** november
9 1. B **2.** C **3.** B **4.** B
10 1. 11h00 **2.** 21h00 **3.** 16h00 **4.** 04h00 **5.** 08h00
11 1. lees **2.** loopt **3.** kijken **4.** werk
12 1. C,3 **2.** A,2 **3.** B,2 **4.** B,3 **5.** A,3 **6.** huilen **7.** fietsen **8.** spelen **9.** drinken

8. S'exprimer au futur

1 1. Morgenochtend ga ik naar de film. **2.** Nee, hij werkt niet morgenavond. **3.** Ja, morgennacht slaapt hij thuis. **4.** Morgen ben ik niet op kantoor. **5.** Morgenmiddag ga ik naar de markt.

2

	beginnen	moeten	eten	zwemmen
ik	begin	moet	eet	zwem
je	begint	moet	eet	zwemt
u	begint	moet	eet	zwemt
hij, zij, het	begint	moet	eet	zwemt
we	beginnen	moeten	eten	zwemmen
jullie	beginnen	moeten	eten	zwemmen
ze	beginnen	moeten	eten	zwemmen

3 1. Kunnen jullie zwemmen? FOUT **2.** Waarom mag je niet spelen? FOUT **3.** Wat wil je? GOED
4 1. Ja, ik wil graag een appel. **2.** Nee, we willen niets drinken. **3.** Dank u wel. **4.** Jullie mogen niet vroeg naar huis. **5.** Alsjeblieft!
5 Wat wil je eten? Een sinaasappel, alsjeblieft. Alsjeblieft. Je kan goed tekenen! Bedankt. En jij kan goed zingen! Dank je wel.
6 oven – stoel – klerenkast – deur – badkamer

7

de woonkamer	de slaapkamer	de badkamer	de keuken	diversen
stoel	klerenkast	de douche	oven	deur

8 1. NIET WAAR **2.** WAAR **3.** WAAR **4.** NIET WAAR

9

1. DEUR 2. ZEEP 3. KLOK 4. TAFEL 5. FORNUIS

SOLUTIONS

	prononciation courte	prononciation longue
1.	mag	
2.	kunt	
3.		iets
4.	bed	
5.		mogen
6.	wil	
7.		tafel
8.		oven

⓫ 1. **a.** riet **b.** rit 2. **a.** bom **b.** boom 3. **a.** maat **b.** mat 4. **a.** ven **b.** veen 5. **a.** kus **b.** huur
⓬ 1. dekbed 2. klerenkast 3. bank

9. Faire des comparaisons

❶ 1. FOUT 2. GOED 3. FOUT 4. GOED
❷ 1. blauwe 2. groene 3. trieste 4. aardig
❸ 1. een lelijke step 2. een groot kantoor 3. een Nederlandse visboer
❹ 1. lelijker 2. kleiner 3. vroeger 4. viezer 5. goedkoper
❺ 1. lekkerder dan - *Ce kiwi-ci est meilleur que ce kiwi-là.*
2. mooier dan - *Cette fille-ci est plus belle que cette fille-là.*
3. dunner dan - *Ces garçons-ci sont plus minces que ces garçons-là.* 4. goedkoper dan - *Ces maisons-ci sont meilleur marché que ces maisons-là.*
❻ 1. **a.** Deze vrouw is ouder dan die vrouw. **b.** Hoe oud is die vrouw? 2. **a.** Deze stad is verder dan die stad. **b.** Hoe ver is die stad? 3. **a.** Dit boek is zwaarder dan dat boek. **b.** Hoe zwaar is dat boek? **❼** 1. jong 2. dun 3. blauwe ogen
4. kleine neus en grote oren 5. lang 6. rode
❽ 1. een dikke buik 2. een bruine rug 3. een grote voet
4. een korte arm
❾ 1. *Ses pieds (à lui) sont plus grands que ses pieds (à elle).*
2. *Son petit-fils (à elle) a des yeux marron et sa petite-fille a des yeux verts.* 3. *Mon dos et mon ventre sont blancs.* 4. *Son visage (à lui) est plus laid que ton visage.* 5. *Vos nez sont plus rouges que nos nez.*
❿ 1. Ik woon zestien jaar in Frankrijk. 2. Die brommer kost honderdvijftig euro. 3. De bananen wegen drie kilo. 4. Ik ben honderdtachtig centimeter. 5. Ik ben achtentwintig jaar.
⓫ 1. [aout] / [Hœyss] 2. [bœyk] / [aouto:] 3. [Hœyleⁿ] / [brœyn] 4. [aouder] / [v'raou]

10. Demander son chemin

❶ 1. [kòmt u:] 2. [ko:meⁿ yùli:] 3. [kòm]
❷

2ᵉ personne du singulier	2ᵉ personne de politesse	2ᵉ personne du pluriel
Stop!	Stopt u maar!	Stoppen jullie maar!
Begin maar!	Begint u maar!	Beginnen jullie maar!
Vertrek maar!	Vertrekt u maar!	Vertrekken jullie maar!
Eet maar!	Eet u maar!	Eten jullie maar!

❸ 1. a. 2. b. 3. a.
❹ 1. uit 2. naar 3. op 4. naar
❺ 1. *Nous venons d'Angleterre et eux, ils viennent de France.* 2. *Son mari attend le facteur.* 3. *Regarde la pendule alors!* 4. *Demandez-le alors au comptable!* 5. *Le médecin, va-t-il au cinéma?*

❻ Hoi. Waar kom je vandaan? Ik kom uit Amsterdam. En jij? Waar kom jij vandaan? Ik kom uit Parijs. Hallo. Waar ga je naartoe/heen? Ik ga naar de slager. En jij? Waar ga jij naartoe/heen? Ik ga naar de bakker. Doeg!
❼

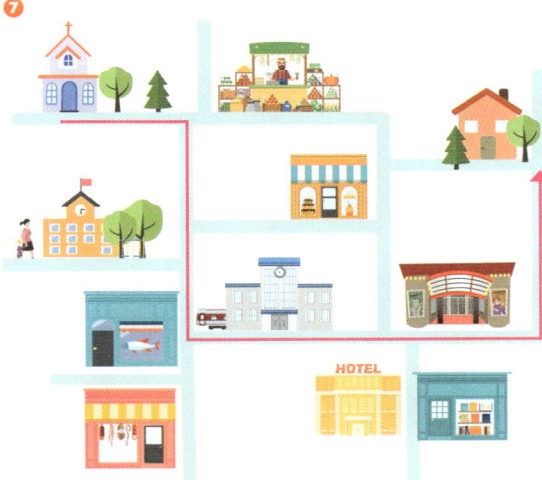

11. Exprimer la possession

❶

Forme accentuée	Forme non accentuée
Waar is mijn vest?	Waar is m'n vest?
Hij draagt zijn blauwe overhemd.	Hij draagt z'n blauwe overhemd.
Zij ziet haar rode trui niet.	Ze ziet d'r rode trui niet.
Waar is jouw lange broek?	Waar is je lange broek?

❷ 1. Het meisje draagt haar gele pakje en haar witte bloes.
1. Het meisje draagt d'r gele pakje en d'r witte bloes. 2. Hoeveel kosten jouw schoenen? 2. Hoeveel kosten je schoenen?
3. Zijn sokken passen bij zijn lange broek. 3. Z'n sokken passen bij z'n lange broek. 4. Zij zoekt haar trui en wij zoeken onze jas. 4. Ze zoekt d'r trui en we zoeken onze jas. 5. Mijn stropdas komt uit Italië en mijn short uit Nederland. 5. M'n stropdas komt uit Italië en m'n short uit Nederland. 6. De kleur van jullie rokken passen bij de kleur van hun jurken. 6. De kleur van jullie rokken passen bij de kleur van hun jurken.
❸ 1. die/dat van mij 2. die/dat van jou 3. die/dat van u
4. die/dat van hem 5. die/dat van haar 6. die/dat van ons
7. die/dat van hen/hun
❹ 1. Die van hem? Nee, die van haar! 2. Die van jullie? Nee, die van ons! 3. Die van u? Nee, die van jou!
❺ 1. b : dat van Sofia 2. a : die van Hans 3. b : dat van Peter
4. b : dat van Marieke en mij 5. a : die van Karin en Bob
❻ 1. haar 2. zijn 3. zijn 4. ons 5. hun
❼ 1. [u:] 2. [u:ou] 3. [u:we]
❽ 1. [z'èyne] 2. [der] 3. [ònz'e] 4. [yaouwe] 5. [Hùn]
6. [men] 7. [z'en] 8. [Hùnne] 9. [mèyne] 10. [ònss]
❾ 1. Wat draag je? 2. Een blauwe stropdas, een groene trui en een bruine lange broek.
❿ 1. c. 2. b. 3. d. 4. a.

12. Parler de ses goûts et préférences

❶ 1. vies vinden 2. geen trek hebben in 3. houden van 4. vies smaken 5. afschuwelijk vinden
❷ 1. haten 2. lekker 3. heerlijk 4. gek zijn op
❸ 2. Jij eet het liefst appeltaart. 3. Hij eet liever groente. 4. Wij vinden groente vies. 5. Jullie vinden vlees vies. 6. Zij vinden appeltaart afschuwelijk.
❹ 1. Zij houden van ijs maar zij haten drop. 2. Vind je de worst pittig of flauw? 3. Zij lust graag een kroket op haar boterham. 4. Deze vleeswaren smaken heerlijk op brood. 5. Wil je liever drop of ijs?
❺ 1. het voetje 2. het mondje 3. het hondje 4. het lampje 5. het zusje 6. het wijntje 7. het woordje 8. het kindje
❻ 1. Ils aiment le chou frisé avec de la saucisse. 2. Je n'aime pas la viande. C'est trop salé. 3. Cette fille n'aime pas les croquettes mais elle adore le hareng. 4. Voulez-vous une bière ou préférez-vous un verre de vin ?
❼ 1. [wèyn] 2. [mèyche] 3. [klèyn] 4. [mèyne]
❽ Expression libre. Par exemple :

1. Ik eet graag boerenkool.	1. Ik eet niet graag boerenkool.
2. Ik lust zoute worst.	2. Ik lust geen zoute worst.
3. Ik houd van vlees.	3. Ik houd niet van vlees.
4. Ik ben dol op kroket.	4. Ik ben niet dol op kroket.
5. Ik ben gek op zure haring.	5. Ik haat zure haring.
6. Ik vind zoet lekker.	6. Ik vind zoet vies.
7. Ik vind bitter heerlijk.	7. Ik vind bitter afschuwelijk.

❾ 1. zin 2. riet 3. tien 4. ik 5. rit 6. kilo 7. min 8. zien 9. vier 10. nicht

13. Faire des propositions

❶

	laten	zullen
ik	laat	zal
je	laat	zal / zult
u	laat	zal / zult
hij, zij, het	laat	zal
we	laten	zullen
jullie	laten	zullen
ze	laten	zullen

❷ 1. a. Zullen we morgen boodschappen doen? b. Laten we morgen boodschappen doen! c. Ik heb zin om morgen boodschappen te doen. 2. a. Zullen we koffie en thee maken? b. Laten we koffie en thee maken! c. Ik heb zin om koffie en thee te maken.
❸ Zullen we naar de markt gaan? Dat is een goed idee. Laten we naar de kapper gaan! Nee, ik heb geen zin om naar de kapper te gaan. Zal ik koffie maken? Nee, dat hoeft niet.
❹ 1. pioenroos 2. artisjok 3. eik 4. peer

❺ 3 fleurs : roos, narcis, tulp / 3 arbres : eik, berk, beuk / 3 fruits : meloen, sinaasappel, kers

S									
E	I	K							
		N			R				S
			A		O			I	
				A	O		C		
					S	R			
	K					A			
M	E	L	O	E	N		P		
	R						P		T
	S		B	E	R	K		E	U
			E						L
			U						P
			K						

❻ 1. In de tulpenvelden zien we rode, groene en paarse kleuren. 2. Hebben jullie zin om bananen en mandarijnen te eten? 3. Zullen we boodschappen doen?
❼ 1. Ja, dat is een goed idee. 2. Ja, laten we naar de markt gaan! 3. Ja, we hebben dorst. 4. Nee, ik wil weggaan. 5. Graag! Ik ben dol op bloemen!
❽ 1. FOUT : Zal ik een bos tulpen of een bos rozen geven? 2. GOED 3. FOUT : Laten we vlees en vis kopen!

14. Demander l'heure et parler de la météo

❶ 1. Het is tien voor elf 's ochtends. 2. Het is tien voor elf 's avonds. 3. Het is tien over zes 's ochtends. 4. Het is tien over zes 's avonds.
❷ 1. a. kwart over zeven b. zeven uur vijftien 2. a. half een b. twaalf uur dertig 3. a. tien over half drie b. veertien uur veertig 4.a. vijf voor vier b. zestien uur vijf 5.a. tien voor half twaalf b. drieëntwintig uur twintig
❸ 1. Wat voor weer is het? Het is bewolkt en het regent. 2. Wat voor weer is het? De lucht is blauw en het is zonnig. 3. Wat voor weer is het? Het sneeuwt.
❹ 1. Le vent souffle du sud. 2. Il pleut dans l'est du pays. 3. À l'ouest, il y a du soleil dans la journée, mais le soir il y a un risque de brouillard. 4. Au nord c'est nuageux et le vent vient du nord.
❺ 1. wijntje 2. buitje 3. zonnetje 4. bedje 5. boekje 6. dropje 7. huisje 8. landje
❻ 1. Houd je van de winter of van de zomer? 2. Het is kil in de herfst en zacht in de lente. 3. Het weer is kil in de herfst en heet in de zomer.
❼ 1. [Hœyssye] / [èyssye] 2. [bœytye] / [wèyntye] 3. [do:ssye] / [Xla:ssye] 4. [kòpye] / [sstùkye]

15. La structure de la phrase

❶ 1. kan / vertrekken 2. Hebben / drinken 3. Zullen / gaan 4. Laten / gaan 5. wil / wonen
❷ 1. of heb je dorst? 2. maar ze houden niet van Petra. 3. en ik werk in Amsterdam. 4. want ze werken hard. 5. dus er is kans op regen.
❸ 1. [z'e] 2. [em] 3. [Ha:r] 4. [der] 5. [ye] 6. [et]
❹ 1. Où sont mes sœurs ? Je ne les vois pas. 2. Je lui donne les vermicelles au chocolat. 3. Nous donnons une tartine à elle et un pain aux raisins à lui. 4. Ils l'adorent. 5. Et si nous faisions une tasse de café ou de thé pour toi ? 6. Vous le savez : il y a du vent et il neige.

SOLUTIONS

5 1. soms – *parfois* 2. buiten – *dehors* 3. vanaf – *à partir de* 4. boven – *en haut* 5. altijd – *toujours* 6. vaak – *souvent*
6 1. binnen 2. dichtbij 3. beneden 4. altijd 5. vroeger
7 1. FOUT : Dat zal ik nooit voor hem doen. 2. GOED 3. FOUT : Vanaf nu ga ik altijd buiten zwemmen.
8 1. buiten 2. binnen 3. nooit 4. altijd 5. dichtbij
9 1. [leuk] / [**v'rou**Xer] 2. [kleur] / [be**roup**] 3. [blourˉ] / [neuss] 4. [Xout] / [**keu**keⁿ]

16. Les verbes de position

1 1. Où se trouve mon gilet ? 2. Tes chaussures se trouvent à côté de la porte. 3. Ses chaussettes se trouvent dans ses chaussures. 4. Son manteau (à elle) est accroché là-bas.
2 1. staan 2. liggen 3. zitten 4. liggen 5. zitten 6. staan
3 1. a – 2. c – 3. b – 4. d
4 1. bovenop 2. voorop
5 1. bovenop 2. voorop 3. achterin
6 1. Nee, ik kom hier niet vandaan. Ik kom uit een dorp ten oosten van Amsterdam. 2. Nee, ze komen daar niet vandaan. Ze komen uit een stad ten westen van Haarlem. 3. Nee, ik kom daar niet vandaan. Ik kom uit een plaats ten noorden van Rotterdam. 4. Nee, we komen hier niet vandaan. We komen uit een dorpje ten zuiden van Gouda.
7 1. [oy] 2. [o:y] 3. [a:y]
8 1. [sa:y] 2. [wa:yt] 3. [mo:y] 4. [no:yt] 5. [Hoy]

17. S'exprimer au passé

1 1. gekost 2. gehaat 3. gespeeld 4. geduurd 5. afgerekend
2 1. gesmaakt 2. gerend 3. opgestuurd 4. geloofd
3 1. De film heeft geen twee uur geduurd. 2. Waarom hebben ze dat formulier niet ingevuld? 3. Wie heeft de radio uitgezet? 4. Hij heeft zijn dochter van school afgehaald.
4 1. opbellen 2. aanzetten 3. afleggen 4. uitleggen 5. uitnodigen

5 1. Het meisje heeft gisteren haar vader opgebeld. 2. De man heeft vanochtend de televisie aangezet. 3. De jongen heeft eergisteren een lange afstand afgelegd. 4. Ik heb de situatie een uur geleden uitgelegd. 5. Hebben jullie haar voor het feest uitgenodigd?
6 1. heb / opgebeld – *Quand (il y a combien de temps) as-tu téléphoné à tes parents pour la dernière fois ?* 2. Heeft / uitgelegd - *Ne lui a-t-il jamais expliqué la situation ?* 3. Hebben / uitgezet - *Tes grands-parents, n'ont-ils pas éteint la radio ?*
7 1. gefietst 2. gespeeld 3. gewoond 4. gehuild 5. gehaat 6. gesmaakt 7. geduurd 8. gekost

G	E	F	I	E	T	S	T		
E									
H					G	E	W	O	O	N	D
U				G	E	S	M	A	A	K	T
I					S						G
L					P						E
D				G	E	H	A	A	T		K
					E						O
					L						S
G	E	D	U	U	R	D					T

8 1. [a:nXez'èt] 2. [àfXelèXt] 3. [œytXez'èt] 4. [ìnXev'ùlt] 5. [Xe**fi:tsst**]
9 1. goed 2. graag 3. rug 4. grijs 5. gras 6. rood 7. morgen 8. groen 9. rijden 10. groot

CRÉDITS ICONOGRAPHIQUES

COUVERTURE :

Shutterstock : Alex Leo : picto 8 ; Huhu : picto 2 ; vectorstockstoker : pictos 9, 10 ; Victor Metelskiy : pictos 1, 3, 4, 5, 6, 7.

INTÉRIEUR :

Shutterstock : 300 librarians : 110 exo 3 (vélos) ; 32 pixels : 53 ; 6gasix : 77 ; Adam Vilimek : 118 ; ADE2013 : 17 ; alekseiveprev : 41bg ; Alex Gorka : 55 ; Alexander Ryabintsev : 16mg, 16m, 16md ; Aliaksei_7799 : 3 ; Anastasia Golubovich : 111g (réfrigérateur) ; Anastasia_B : 110 exo 3 (porte-monnaie) ; Andrew Scherbackov : 98 ; Annasunny24 : 35hg, 35hd, 35bg, 35bd ; Artisticco : 26hd, 26mg ; Artsholic : 59 exo 12-B3 ; asantosg : 69h ; Beresnev : 95b ; BoBaa22 : 42g ; Borodatch : 119 ; BSVIT : 44 exo 9 (cartons) ; bus109 : 104 ; Cienpies Design : 113 ; creatarka : 33 ; davorana : 81 exo 2-5 ; Decorwithme : 102 ; Dooder : 18bd ; eatcute : 24 ; Ellegant : 59 exo 12-B2 ; Elvetica : 57, 64 ; EugenP : 66 (savon) ; Evellean : 97 ; Faberr Ink : 30h ; Fotinia : 81 exo 2-3 ; Gokce Gurellier : 112hg ; graphic-line : 41mg ; gst : 82 ; Gurza : 83b ; happymay : 83h ; HieroGraphic : 101b ; Iconic Bestiary : 59 exo 12-C1, 68 ; Incomible : 60b ; Inspiring : 22hd, 22bg, 22bd, 23bd ; Irina Kostyuk : 81 exo 2-4 ; jesadaphorn : 38, 44 exo 9 3d (femme), 49 ; Joycolor 81 exo 2-1 ; Julia Tim : 10b, 51, 59 exo 12 a-3 ; K N : 28 exo 10 ; kamomeen : 36b ; Kauriana : 71 ; Kseniia Voropaeva : 47 exo 1 (bateau) ; Kseniia Zavarovskaia : 84gb, 84db ; lady-luck : 110 exo 3 (portemanteau) ; Lindarks : 114 ; Lindwa : 63 ; Lorelyn Medina : 59 exo 12-A2 ; Lucky Team Studio : 4hd ; Lyudmyla Kharlamova : 116b ; Macrovector : 20 exo 10-1/2/3/4/5, 48, 59 exo 12-A1/A4/B1/C3/C4, 70g, 70d, 94 ; maraga : 108 ; Margarita Tkachenko : 44 exo 9-4 (maison) ; M_A_R_G_O : 88 (pouces rose et bleu) ; Marharyta Pavliuk : 40 ; Maria Zainoullina : 95h ; mariartika : 61 ; Marish : 46b, 74 ; Mascha Tace : 9mg, 15h, 69b ; Meilun : 34bd ; melissa held : 67 ; mhatzapa : 8hd ; milksilk : 111d ; milo827 : 117h ; miniwide : 10h, 13b ; Minur : 109 ; Miuky : 65 ; MSSA : 9d, 9g, 15mg, 31, 72b, 111g (chat) ; MyClipArtStore.com : 44 exo 9-2 (arbre), 99, 101h ; mything : 28 exo 9, 36h, 36 mg (kiwis) ; Naddya : 23 hd ; natianis : 66 (porte) ; Naty_Lee : 5, 73, 96, 107 ; Nikelser : 14b ; NokHoOkNoi : 66 (table) ; NorSob : 72b ; NotionPic : 115 ; Olga1818 : 7hg, 7hd, 15bg, 15md, 19 bd, 25bd, 30b, 39, 42d, 80 ; olillia : 44 exo 9-1d (maisons) ; Olya Fedorovski : 60h ; Oxy_gen : 47 exo 1 (scooters) ; Padma Sanjaya : 59 exo 12-C2g (bureau) ; Parinya Hirunthitima : 25hd ; phloxii : 8bg, 8mb ; PinkPueblo : 52b, 54b, 54 ; Portare fortuna : 13h ; rachisan alexandra : 12h ; red rose : 81 exo 2-6 ; robuart : 41md ; Romashechka : 81 exo 2-2 ; Rudie Strummer : 76 ; S.Noree Saisalam : 75 ; schab : 110b (flèches) ; sibgat : 46h ; sir_Enity : 47h ; skyclick : 58, 92-93b ; skyclick : 93 ; SlyBrowney : 89h ; stockshoppe : 100 exo 3 ; Studio_G : 66 (coucou) ; subarashii21 : 110 exo 3 (ballon) ; Sudowoodo : 26bg ; SYUKUR : 44 exo 9-1g (homme), 44 exo 9-4g (homme), 44 exo 9-2g (homme), 44b ; Tarikdiz : 41hd ; tavolga : 21 ; toyotoyotoyo : 88bg ; VAZZEN : 59 exo 12-B4 ; Vector Bakery : 117b ; Vector Tradition : 86, 87 ; vectorstockstoker : 15bd, 50, 85 ; Vetreno : 32g, 32d ; Virinaflora : 26md ; Visual generation : 11, 90 ; Voin_Sveta : 7md ; wickerwood : 27 ; Woodhouse : 52h ; Wor Sang Jun : 116h ; yurgo : 66 (cuisinière) ; Yuyula : 47 exo 1 (camion+avions) ; Yuzach : 23mg. – **Vecteezy** : frankmib6 : picto ampoule ; lavarms 8bd. –

DR : 18 exo 7, 36md (cocktails), 47 exo 1 (traîneau), 79, 89b.

Conception graphique : MediaSarbacane
Mise en pages : Marion Huet pour Céladon éditions
Réalisation : Céladon éditions,
www.celadoneditions.com

© 2017, Assimil
Dépôt légal : janvier 2017
N° édition : 4418 - janvier 2025
ISBN : 978-2-7005-8183-6
www.assimil.com
Imprimé en Roumanie par Tipografia Real

TABLEAU D'AUTOÉVALUATION

Bravo, vous êtes venu à bout de ce cahier ! Il est temps à présent de faire le point sur vos compétences et de comptabiliser les icônes afin de procéder à l'évaluation finale. Reportez le sous-total de chaque chapitre dans les cases ci-dessous puis additionnez-les afin d'obtenir le nombre final d'icônes dans chaque couleur. Puis découvrez vos résultats !

	😊 😐 ☹		😊 😐 ☹
1. Former ses premières phrases	....	10. Demander son chemin	....
2. Formuler des questions	....	11. Exprimer la possession	....
3. Mettre au pluriel	....	12. Parler de ses goûts et préférences	....
4. Faire les présentations (1)	....	13. Faire des propositions	....
5. Faire les présentations (2)	....	14. Demander l'heure et parler de la météo	....
6. Formuler des négations	....	15. La structure de la phrase	....
7. Décrire sa journée	....	16. Les verbes de position	....
8. S'exprimer au futur	....	17. S'exprimer au passé	....
9. Faire des comparaisons	....		

😊 😐 ☹

Total, tous chapitres confondus ....

Vous avez obtenu une majorité de…

Heel goed! Vous maîtrisez maintenant les bases du néerlandais.
Vous êtes maintenant prêt à aller encore plus loin !

Niet slecht… Mais vous pouvez encore progresser ! Refaites les exercices qui vous ont donné du fil à retordre en jetant un coup d'œil aux leçons !

Probeer het nog een keer! Vous êtes un peu rouillé… Reprenez l'ensemble de l'ouvrage en relisant bien les leçons avant de refaire les exercices.